무릎에 새기다

최재선 수필집
무릎에 새기다

인쇄 2016년 3월 15일
발행 2016년 3월 20일

지은이 최재선
발행인 서정환
펴낸곳 수필과비평사
주소 서울시 종로구 삼일대로 32길 36(익선동 30-6 운현신화타워 빌딩) 305호
전화 (02) 3675-5635, (063) 275-4000 · 0484
팩스 (063) 274-3131
이메일 sina321@hanmail.net   essay321@hanmail.net
출판등록 제300-2013-133호
인쇄 · 제본 신아출판사

저작권자 ⓒ 2016, 최재선
이 책의 저작권은 저자에게 있습니다. 서면에 의한 저자의 허락없이 내용의 일부를 인용하거나 발췌하는 것을 금합니다.
COPYRIGHT ⓒ 2016, by Choi Jaesun
All rights reserved including the rights of reproduction in whole or in part in any form.
저자와 협의, 인지는 생략합니다.
잘못된 책은 바꿔 드립니다.

ISBN 979-11-5933-016-2 03810

값 16,000원

> 이 도서의 국립중앙도서관 출판예정도서목록(CIP)은 서지정보유통지원시스템 홈페이지(http://seoji.nl.go.kr)와 국가자료공동목록시스템(http://www.nl.go.kr/kolisnet)에서 이용하실 수 있습니다.(CIP제어번호: CIP2016006956)

Printed in KOREA

무릎에 새기다

최재선 수필집

수필과비평사

■ 작가의 말

우리 마을엔 묵방산이 있습니다. 이 산 아래로 이사한 지 아홉 해가 되었습니다. 묵방산을 오르려면 화심소류지에서 피어나는 눈부신 윤슬을 보고, 원각사 풍경소리를 들어야 합니다. 산이 워낙 가팔라 오르막이 끝나지 않을 태세여서 긴장을 풀면 미끄러지기 일쑤입니다. 어느 날 산행을 마치고 귀갓길에 길바닥에 있는 구슬같은 돌멩이에 굴러 무릎을 다쳤습니다. 쉰일곱을 사는 동안 작은 돌멩이가 높은 산이란 사실을 깨우쳤습니다. 정신 놓고 살면 우리 삶 주변에는 허방이 천지란 사실을 뒤늦게 알았습니다.

산에 올랐다/ 내려 올 때까지/ 별고 없었는데/ 산 다 내려와/ 길 걷다가/ 돌부리에 걸려/ 무릎 깨졌다// 정신 놓고 살면/ 산보다 돌멩이/ 더 높은 봉우리인 것을/ 허망하게 넘어지고서/ 어렴풋이 알았다// 평탄한 길도/ 산 내려오듯/ 근신해야 한다는 걸/ 피 흘리며 쓰라린/ 무릎에 깊이 새겼다

― 졸시 「무릎에 새기다」

이 교훈을 "무릎에 새긴" 이후 평탄한 길도 산을 내려오듯 근

신하며 걸으려고 합니다. 그런데 이순을 코앞에 두고도 아직 철들지 않아 맨날 철부지처럼 삽니다. 다행히 철이 너무 들면 작가가 될 수 없다는 말을 위안으로 붙잡습니다. 작년 이맘 때 『이 눈과 이 다리, 이제 제 것이 아닙니다』를 햇볕에 내 말린데 이어 『무릎에 새기다』를 마음의 창밖으로 내놓습니다. 속살까지 너무 적나라하게 내보인 것 같아 두렵고 부끄럽습니다.

  그러나 날마다 밥 먹듯이 치열하게 글을 썼습니다. 작가로서 걸어가야 할 길을 한 눈 팔지 않고 묵묵히 걷겠습니다. 20년째 빛 한 점 보지 못하고 낮을 밤처럼 지내고 있는 아들이, 이 글을 읽는 날까지 쉬지 않고 걸어가겠습니다. 그 길이 비록 외롭고 고독할지라도, 찬바람이 불고 어둠 떼로 몰려올지라도 문학의 등불을 켜고 나아가렵니다.

2016년 3월 화심글방에서

| 차례 |

제1부
감옥

가을 들녘 • 14
가을, 단풍나무 아래서 • 18
고종목 시인을 만나다 • 22
둔필승총鈍筆勝聰 • 27
웃음도 잘 웃어야 꽃이 된다 • 31
천렵川獵 • 34
하몽夏夢 • 39
감옥 • 43
대설주의보 • 47
헛꿈 • 51

제2부
무릎에 새기다

무릎에 새기다 • 56

마음의 바구니 • 60

만남 • 64

밤의 산책 • 69

불의 • 73

블루베리를 낚으며 • 77

단비 • 81

스프링클러 • 85

쉰여섯 생일 아침에 • 88

선생님, 나이가 이제 • 91

제3부

지잡대와 들꽃

가족을 지키고 싶다 • 98

거울 같은 편지 • 102

글쓰기 특강 수업 • 106

눈물로 읽은 리포트 • 110

대면첨삭 • 115

사랑하면 아프다 • 119

사우師友 • 123

선독選讀하다 • 127

소정이 리포트 • 131

지잡대와 들꽃 • 136

책거리 • 140

제4부
여름 숲

거미의 건축술 • 144

검정 비닐봉투 • 148

눈 맑은 고라니에게 • 153

돋보기와 색안경 • 157

돌 • 161

매미에게 • 165

여름 숲 • 169

조선낫 • 173

주행연습 중 • 177

쫄딱 • 181

휘뚜루마뚜루 • 187

흰눈썹황금새 • 192

목요와의 만남 • 196

목요일기 1 • 199

목요일기 2 • 203

목요일기 3 • 207

제5부

가을
앓이

가을앓이 • 212

빈칸 • 216

핑계 • 219

순두부찌개 • 223

제6부

**골육
상쟁**

8월의 마당 • 211

계란 • 215

골육상쟁骨肉相爭 • 219

불효자식 방지법 • 223

시래깃국 먹는 아침 • 227

아들의 설거지 • 230

어머니 미장원 가시는 날 • 233

어머니의 손맛 • 237

급커브 길 • 241

왜 국문학과를 수학 성적으로 뽑나요 • 245

제7부

**올해는
꼭
장가가고
싶습니다**

이민계移民禊 • **251**

인구론 • **254**

주머니 없는 수의壽衣와 자본주의 • **257**

꼼수 • **260**

정명正名 • **263**

고명 • **266**

올해는 꼭 장가가고 싶습니다 • **269**

짝퉁 • **272**

눈길 • **275**

전화 • **278**

제1부

감옥

가을 들녘

아침 해가 반쯤 걸린 산등성이가 눈부시다. 낮에는 30도 가까이 오르던 기온이 밤이면 20도 아래로 떨어지면서 이른 아침엔 마치 소나기가 한차례 지나간 것처럼 이슬로 푸지다. 매일 원각사 쪽으로 갔던 산책길을 오늘은 정반대 방향으로 틀었다. 유상 마을을 지나 골프장이 있는 약바위 마을까지 다녀오면 1시간 30분 정도 걸린다. 아침 이슬을 흠뻑 뒤집어 쓴 콩밭과 달리 김장용 배추 묘에 물을 주느라 등이 휜 어르신들 숨이 가쁘다. 수고하신다는 인사말을 제대로 듣지 못하셨는지 누굴까 끝에 물조리개 한 통만큼 의문부호를 쏟아내셨다.

콩밭 한쪽에 실하게 큰 수수가 일제히 고개를 숙이고 있다. 알이 영글면 수수는 고개를 더 숙일 것이다. 제법 살이 붙은 나락밭엔 나락보다 더 키를 키운 피가 천지다. 키가 나락과 비슷하거나 열매를 맺지 않을 땐 나락과 너무 흡사하여 구별하기 힘들다. 예전엔 나락밭에 피가 있으면 논 주인이 게으르다는 것을 뜻했다. 요즘은 워낙 일손이 달려 일일이 피를 매는 사람이 별로 없다. 이런 사정 때문에 나락 반, 피 반인 논이 많다. 잡초에 불과한 피도 익으면 고개를 스스로 숙인다. 길 숲에 무더기로 서 있는 강아지풀도 고개를 숙이고 있다.

　가을이 왔다. 여름이 성장하는 시간이라면 가을은 성숙하는 시기이다. 사람이나 동식물이 자라서 몸무게가 늘거나 키가 점점 자라는 것이 성장이라면, 성숙은 나이를 먹어 어른스럽게 되는 것을 말한다. 나무도 마찬가지이다. 이 즈음이면 성장을 멈추고 성숙해지기 시작한다. 가을 들녘에 있는 많은 생명체 역시 점점 어른스러워지고 있다. 들녘뿐이겠는가. 자연이란 이름표를 단 모든 것들이 성숙해지고 있다. 이 자연들 앞에서 문득 내 자신이 풀 한 포기만도 못한 존재가 아닐까 하는 회의가 일었다.

　오전에 병원에 들러 치료를 받고 오후엔 연구실에서 학생들과 면담을 했다. 귀가하는 길에 전화를 한 통 받았다. 자신을 『계간 시향』 편집장이라고 밝힌 여자는 전형적인 서울 토박이 말을 썼다. 용건은 내가 속한 문학지 지난 호에 실은 「아픔을 경영하다」는 시를 『계간 시향』 가을 호에 싣고 싶다고 했다.

매화 비린내 진동하는 아침, 무작하니 내린 서리에 어깨가 시리다. 깨알 같은 내음 밟힐지 몰라 발길 세운 순간 한 무리 새 떼 공중에 발자국 수없이 남기고 공제선으로 사라진다. 흙을 간질이고 올라오는 풀잎들 내는 웃음소리 겨드랑이에 붙어 가렵다/ 겨우내 땅속 깊이 움츠린 것이나 수피에 숨은 것들 몸살로 열 높다. 그 열로 각자 짊어진 겨울 겨우 녹이고 자지러지게 발작한 후/ 몹시 앓는다/ 봄은 마을 앞 징검다리를 이미 건넜지만 사람 사는 마을 곳곳엔 거미줄처럼 겨울이 달라붙어 있다. 떼어낼 수 없는 추위가 있다. 밤새 저수지에 가둬 둔 물 같은 눈물, 고드름 같은 눈물이 있다. 각자 그 눈물 다스리고 사는 사람들, 우린 누구나 아픔을 뿌리치지 못해 아픔에 대한 주식을 일정 부분 갖고 있다. 늘 아픔을 경영하며 산다.

얼마 전에는 환경운동연합에서 발간하는 『함께 사는 세상』에 「생명 연장은 공멸의 늪이다」는 시를 실었다. 그리고 지난달에는 여수에 있는 교회에 가서 "저의 삶, 저의 시"라는 주제로 간증을 했다. 사람들이 나를 부르는 호칭이 몇 개 있다. 교회에서는 집사님, 학교에서는 교수님이나 선생님, 집에서는 아빠 또는 큰아가, 문학회 문우들은 시인이라고 부른다. 이 호칭 가운데 어쭙잖은 풋시인이지만 시인이라는 말이 가장 듣기 좋다.

내 명함엔/ 이름과 연락처는 있어도/ 직업이 없다/ 여섯 식구

돌보는 가장/ 시장보고 청소하고/ 설거지하다 습진 걸린 주부/ 모국어를 욕되게 하는/ 어설프고 설익은 풋시인/ 학생들에게 돈 되지 않는/ 글 쓰는 지식 파는 선생/ 이 땅에서 숨 쉬는 동안/ 맑고 환한 언어 마주하고/ 단비 같은 시 쓰면서/ 내 이름 앞에 시인이라고/ 당당하게 불 밝히고 싶다/ 시인 아무개집이라고/ 문패 깨끗이 내걸고 싶다/ 세상에 시인이란 명함/ 떳떳하게 내밀고 살다/ 시인이란 허물 뒤집어 쓴 채/ 시에 파묻혀 죽고 싶다
― 졸시 「시인이란 명함」

  나락밭에 자란 피처럼 아직은 사람들이 거들떠보지도 않은 하찮은 시인이지만 시인이란 말만 들어도 심장이 떨린다. 가을 들녘에서 고개를 숙이며 성숙해가는 작은 생명들을 본다. 내 시나 글이 더 성장할 수 있도록 창작의 모닥불을 계속 지펴야겠다. 그리하여 내 글에도 어느 날 가을이 오면 들녘에 낮은 자세로 고개를 숙인 풀꽃으로 피어 잔잔하게 서 있고 싶다.

(2015. 9. 9.)

가을, 단풍나무 아래서

"추분이 지나면 우렛소리는 멈추고 벌레가 숨는다."고 한다. 가을이 성큼 다가왔다. 어제는 여름같이 무더웠는데 추분인 오늘은 비가 찔끔 내려 시원했다. 오후에 강의동으로 가려고 예배당으로 오르는 계단에 있는 단풍나무 밑을 지나갔다. 평소 강의하러 가거나 예배드리러 갈 때 으레 지나는 곳이지만 오늘은 알 수 없는 기운이 발걸음을 꽉 붙잡았다. 단풍나무 아래서 하늘을 올려다보았다.

얼마 전, 「개구소開口笑, 웃으며 살자」란 글을 쓴 이후 이 말을 실천하려고 혼자 있어도 웃으려고 애를 쓴다. 인생 말년에 대부분 사람이 후회하는 것으로 쓸데없이 걱정하는 것과 시간을 허비하면서 사는 것을 꼽았다. 나 역시 쓸데없는 근심과 염려를 지나치게 하면서 살아왔다. 걱정하지 않아도 될 것을 지레짐작하여 염려하느라 날밤을 새우는 통에 다음 날 생활이 엉망진창이 되거나, 위통을 심하게 앓아 끼니를 거르는 날도 있었다.

  어설픈 글쟁이인 주제에 하루라도 글을 쓰지 않으면 허전하고 무기력해진다. 지난 시간 정말 바삐 살았다. 이런 가운데서도 글 쓰는 시간을 절박하게 만들었다면 더 많은 글을 숙성시켰을 것이다. 그런데 그저 부산 떨며 사느라 요란만 피웠을 뿐 절박함이 결핍된 삶을 살았다. 절박해지면 간절해지고 간절해지면 무서울 게 없다. 글을 써야겠다는 절박함이 온 머릿속을 지배하자 지나가는 바람에게도 말을 거는 간절함이 일어났다.

  지나가는 바람뿐만 아니라 누군가 마시고 길바닥에 버린 생수통과 맥주 캔에게도 말을 걸면 그들은 저마다 쓰는 언어로 기꺼이 응대해 주었다. 바람은 자신이 지나간 자리에 흔적을 남기지 않는 것 같지만 이 모양 저 모양으로 살아온 이력을 새긴다. 생수통과 맥주 캔은 길바닥에 버려져 짓밟히고 쪼그라들었지만 누군가의 갈증을 풀어준 은인이다. 한마디로 바람은 바람답게 생수는 생수답게 맥주는 맥주답게 자신의 태생과 빛깔에 맞게 살아온 것이다. 학생들에게 인문고전을 가르치는 선생으로서 나는 선생다운 삶을 잘 살고 있는지, 글을 쓰는 글쟁이로서 글쟁이다운 삶을 살고 있는지 되돌아보았다.

　가을이 오는 길목에서 단풍나무는 지난여름 몸에 넣은 땡볕과 불볕으로 몸이 달아올라 있었다. 단풍나무 아래서 올려다본 하늘은 비가 지나간 이후 더 맑고 청명해졌다. 많은 잎들이 마치 수많은 사람들 손이 되어 힘들게 살아온 지난 시간을 위로해주듯이 흔들어주었다. 많은 잎들이 영혼이 맑은 이들의 눈이 되어 내가 행여 어두운 물속에 빠져 있는 줄 알고 빛이 되어 반짝거려주었다. 비를 뿌린 구름 사이로 나온 햇살이 비에 젖은 잎에 내려앉자 그 많은 잎들이 물기를 내려놓고 맑게 표백되어 새처럼 날았다.

　단풍나무는 적정한 거리를 두고 서로 닮은 생명들이 모여 사는 하나의 우주였다. 어쩌다 생을 너무 깊게 고민하여 상처 난 것도 있고, 삶에 굴욕 되어 뒤집힌 것도 있었지만 자기만의 잣대로 상대를 일체 간섭하는 일이 없었다. 다른 자리를 탐하려는 이기와 욕심이 부재했고 어떤 차별이나 편견도 존재하지 않았다. 상대를 깎아내리려고 용쓰는 이가 하나 없었고 각자 자신이 있어야 할 자리에서 삶을 묵묵하게 경작하고 있었다. 경건한 척하거나 거룩한 척하는 하는 이 하나 없이 저마다의 손금까지도 진솔하게 드러내고 있었다.

　가을, 단풍나무 아래서 단풍에게로 기운다. 알 수 없는 평화가 단풍의 넓이와 높이와 깊이만큼 몰려와 차곡차곡 쌓였다.

늦은 오후 햇살도 단풍에게로 와서 몸을 씻었다. 나도 덩달아 단풍나무 아래서 몸과 마음을 닦았다. 눈앞이 맑고 환해졌다.

(2015. 9. 24.)

고종목 시인을 만나다

추석이 코앞으로 다가왔다. 보름 전 『계간 시향』 편집장이라고 자신을 밝힌 여성이 내가 쓴 시 「아픔을 경영하다」를 『계간 시향』 가을 호에 싣고 싶다고 전화를 한 적이 있었다. 그 후 열흘 만에 책을 보내왔고, 다음 날 『계간 시향』 주간이라고 소개한 분이 자신이 쓴 시집을 보내주겠다며 주소를 물어왔다. 부드러운 서울 말씨와 달리 느릿느릿한 말투에는 세월의 무거운 비중이 켜켜이 쌓여 있어 고단함이 배어 있었다.

오전에 추석 장을 보고 오후에 어두문학회 동아리 학생들 수업이 있어 학교에 갔다. 추석 연휴 전날이라서 학생들이 귀가하느라 휴강하자고 할 줄 알았는데 모두 나온다고 했다. '어두문학회'는 작년 여름방학 특강 때 실시한 창의적인 글쓰기 수업을 받은 수강생이 주축이 되어 만든 문학 동아리이다. 그 때부터 격주로 금요일마다 만나 서로가 쓴 작품을 합평하면서 졸업하기 전까지 문단에 등단하는 것을 목표로 창작에 대한 열정을 쏟고 있다.

어두문학회 동아리 수업을 마치고 집에 들어서자 분질러진 들깨 향이 온 집을 비행하였다. 부모님께서 텃밭에서 들깨를 털고 계셨기 때문이다. 소쿠리에 가득 찬 들깨처럼 우체통에 우편물이 넘쳤다. 이 가운데 유독 내 눈길을 끈 것은 발신자가 '고종목'으로 된 '최재선 시인님께'라고 쓴 우편물이었다. 현관에 들어서자마자 봉투를 뜯었더니 『바늘의 언어』라는 시집이다. 자수로 한 땀 한 땀 새긴 듯한 삽화와 깔끔한 표지가 인상적이었다. 책표지를 열자 고급스런 한지를 조각보처럼 붙이고 "최재선 시인님, 2015. 9, 고종목 드림"이라고 쓴 글 옆에 낙관이 선인장 꽃처럼 피어 있었다.

시인이 살아온 발자취는 시집 맨 뒤에 조그맣게 자리하고 있었다. 목소리와 달리 젊었을 적에 찍었을 법한 사진과 강원도 평창 출신이라는 것, 1996년 시집 『성마령의 바람 둥지』로 시작활동을 했다고 했다. 1998년 『곤드레 아라리』, 이후 『바늘과 실 그리고 나』, 『바늘구멍』, 『바늘의 언어』란 시집을 발간하였다. 정선군 정선읍 용탄리 행마동과 평창군 미탄면 평안리 사이에 있는 고개인 '성마령'이나 '곤드레'에서 작가의 고향 냄새가 묻어났다. 그러나 '바늘'과 작가에 대한 이미지가 서로 결속되지 않아 의문부호가 저수지 언덕에 줄지어 선 억새풀 같았다.

인터넷을 뒤적였지만 출생 연도에 대한 기록이 없었다. 다만 세 손자의 할아버지라고 쓴 자료를 통해 연세가 많다는 것과 오랫동안 바느질을 한 남성이라는 것을 추리할 수 있었다. 이런 와중에 『바늘구멍』이란 시집에 대한 모 출판사 평을 반갑게 만났다. "흰 지팡이와 바늘을 들고 나온 시인. 고종목 씨 삶은 바느질 명인이라는 것과 시각장애인 봉사활동을 들 수 있다. 그는 바느질과 봉사활동을 언어예술로 승화시켰다." 그렇게 길지도 않은 문장과 단락 속에 비문법적인 문장에다 애매한 문장이 많아, 시인에 대한 궁금증이 풀어지기는커녕 되레 늘어 혹 떼려다 혹 붙이는 꼴이 되었다. 특히 흰 지팡이를 즐겨 짚고 다닌다는 것인지, 시인이 시각장애인이라는 것인지에 대한 궁금증이 갈증이 되었다.

시집 첫 장을 펴자 시인의 말이 나왔다. "시는 내게 늘 물음표이고 느낌표이고 말줄임표이다. 이 기호를 시로 풀어내는 과정에서 한정된 언어로 인해 고민한다. 한평생 바느질한 것이 시를 쓰는 데 도움이 되었다. 바늘구멍이라는 렌즈를 통해 보이지 않는 사물을 보게 되었다." 시인은 육안으로 볼 수 있는 가시거리 바깥 너머에 있는 비가시적 세상을 바늘구멍으로 들여다보듯이 볼 수 있는 심안을 가져야 한다는 말로 들렸다. 여기까지 이르자 시인이 시각장애인인지 특별히 시각장애인을 위해 봉사활동을 많이 한다는 것인지에 대한 궁금증이 더 부풀어졌다.

　이 문제에 집착하는 것은, 눈먼 아들을 둔 풋시인이 평생을 바늘구멍으로 인생과 세상을 바라보고 살아온 대선배 시인과 만난 것이, 우연한 것만이 아닐 것이라는 생각을 떨칠 수 없었기 때문이다. 이런 생각을 잠시 접어두고 시집을 읽어가다 눈에 들어온 시가 있었다. "바늘이 주룩주룩 꽂힌다/ 몰아치는 비바람 천둥 번개 속을/ 부르면 달려가는 발뒤꿈치에 꽂힌다/ 흰 지팡이를 짚고 가는 시각장애인/ 그녀의 바짓가랑이에/ 검은 바늘이 주룩주룩 꽂힌다/ (중략) /어깨에 떨어지는/ 눈물 같은 빗물/ 빗물 같은 눈물/ 흰 지팡이가 주룩 주르륵 꽂힌다."「바늘구멍 속의 소나기」

　이 시에 나오는 주된 소재는 바늘과 흰 지팡이이다. 한복이나 수의를 만들려고 바느질을 하고 있을 때 비가 내렸을 것이다. 이 때 흰 지팡이를 짚고 가는 눈먼 사람을 예사롭게 넘기지 않고 바늘구멍으로 불러 품고 있다. 바늘구멍은 시인이 세상과 소통하는 통로이자 시인이 걸어가는 길이기 때문이다. 혹 시인 자신이 앞을 보지 못한 장애를 가지고 있다면 더욱 더 절실한 마음으로 시각장애우와 자신을 살뜰하게 사랑했을 것이다. 이 세상에 있는 아픔을 나 혼자 죄다 메고 살아온 양 교만을 부리고, 돋보기를 끼고도 바로 눈앞에 있는 문장을 오독하며 살아온 삶이 부끄러웠다.

　가을 입구에서 바늘의 시인, 흰 지팡이의 시인인 고종목을 만난 것을 어떻게 풀어야 할지 모르겠다. 곰곰이 생각해보니 내가 쓴「아픔을 경영하다」는 시가 계기가 되었지만, 당신이 살아오신 바늘구멍으로 나를 초대한 것 같다. 그리고 세상을 바늘구멍 들여다보듯이 세밀하게 보고, 앞 못 보는 사람들을 위해 눈이 되어주라고 따끔하게 충고하는 것 같았다.

(2015. 9. 25.)

둔필승총 鈍筆勝聰

　여름방학 특강 수업을 하러 강의동으로 가는 길에 나무 계단에 매미 한 마리가 쓰러져 있었다. 매미 주변에 개미 떼가 시커멓게 몰려 있었고 꿀벌 두 마리가 매미 주변을 날았다. 이 장면을 보고 스마트 폰을 꺼내 사진을 찍고 '매미의 장례식'이라고 적었다. 그리고 이틀 이상 시어와 씨름하다 시를 썼다. 스마트 폰이 여러 기능을 하지만 나는 메모장 용도로 가장 많이 사용한다. '매미의 장례식'이란 메모 외에 '눈물주의보 내리다', '아중천에 뜬 달', '드레싱', '송곳', '꼴딱', '깐죽깐죽', '바람이 눕다'와 같은 어휘들이 마치 바닷가 조약돌처럼 등을 맞대고 있다. 마음속으로 늘 글을 쓰겠다는 의지가 앞서 어떤 때는 내 자신이 어휘를 사냥하는 사냥꾼이나 단어를 낚시하는 낚시꾼 같다.

글은 생각에서 시작하지만 때로는 어휘에서 발원하고 어휘는 글을 쓰는 글감이 된다. 우리 주위에는 눈을 좀 더 크게 뜨고 귀를 더 넓게 열면 지천에 글감이 깔려 있다. 그저 무관심하게 눈을 감거나 귀를 닫고 지나치기 때문에 글 쓸 소재가 없어 생각창고가 비어있다. 얼마 전, 잘 아는 교수님 몇 분과 저녁을 먹었다. 퇴직을 한 달 앞둔 교수님께서 퇴직 스트레스를 단단히 앓으셨다. 20년 동안 대학에서 학생들을 교육하면서 특별히 기억에 남는 것을 글로 써보시라고 했다. 글쓰기는 내면 깊이 몰입하거나 집중하여 잡다한 생각을 쫓을 수 있고 글을 쓰면서 스스로를 치유할 수 있기 때문이다.

대화를 나누는 가운데 모 교수님께서 날마다 똑같은 삶을 살기 때문에 쓸 게 없다고 하셨다. 이 말씀 끝에 정년을 반년 남기신 원로 교수님께 글쓰기에 대한 편견이라고 당돌하게 말허리를 끊었다. 글감을 찾는 예를 들어 달라고 하셔서 먼저 죽은 매미 이야기를 해드렸다. 그리고 읽은 책 가운데서 소재를 찾을 수 있고, 지인과 만나 저녁 먹은 것도 글감이 될 수 있다고 설명 드렸다. 이 평범한 글쓰기 원리를 그 교수님께서 모르실 리 없고, 문제는 메모하는 습관에 있는 것 같았다. 둔필승총鈍筆勝聰은 다산 정약용이 한 말로 "둔한 붓이 총명함을 이긴다."는 뜻이다. 아무리 머리가 좋아도 메모하는 것만 못하다는 것이다.

메모하는 습관을 갖기 전에 먼저 어떤 대상에 대해 애정을 가지고 소통해야 한다. 요즘 아침 산책길에 가장 먼저 만나는 것이 안개다. 서서히 안개가 걷히면서 드러나는 산과 숲과 들이 서로 어깨동무를 하고 그림처럼 서 있다. 폭염에 전혀 굴하지 않고 푸름을 더한 길섶 풀잎은 저마다 이슬을 매달고 있다. 안개, 산, 숲, 들, 풀잎, 이슬을 차례차례 불러 이야기를 몇 마디씩 나누다 보면 생각의 둘레가 근질근질해지다 시어가 튀어나온다. 이것을 놓칠세라 잘 붙잡아 메모광(壙)으로 넣어놓으면 푸지고 오지다.

글쓰기 수업을 하면서 학생들에게 독서노트를 쓰라고 권한다. 읽은 책마다 서평이나 감상문을 쓰면 더할 나위 없이 좋겠지만 그렇게 할 수 없는 게 현실이다. 책을 읽다보면 밑줄치고 싶은 어휘나 문장과 만난다. 이 때 그냥 지나치지 말고 꼬박꼬박 메모하라는 것이다. 책 제목과 지은이, 출판사와 독서기간을 쓰고 인용한 어휘나 문장을 쪽수와 함께 메모해두면, 신학부 학생은 훗날 사역현장에서 설교문을 작성할 때 도움이 될 것이다. 교인들에게 신학생 시절인 모년 모월 모일에 읽은 책 내용을 인용하면서 관심을 끌거나 논거로 활용하면 신뢰성도 덤으로 얻을 수 있다.

글쓰기나 독서뿐 아니라 메모는 신용지수를 높인다. 서재와 연구실 책상에 있는 스탠드달력은 빼곡하게 메모한 내용으로 빈틈이 거의 없다. 회식 날, 문예지에 보낼 원고 마감일, 한 달에 세 번 신문사에 보낼 칼럼 제출일, 가족들 생일, 결혼식, 훈용이 서울 병원 가는 날, 모 교회 초청강연일에 이르기까지 한 달이 정신없이 간다. 메모를 해두고 그때그때 확인하여 일처리를 한 덕에 아직까지 크게 실수하지 않고 처신하며 살아왔다. 결혼식 날짜를 잊어 한참 뒤에 인사하는 실수는 몇 차례 했지만 그나마 메모를 해둬서 그냥 넘기는 일은 다행히 없었다.

  오늘도 오감의 문을 열어젖히고 우주와 자연, 사람과 사물 속에 숨어 있는 어휘를 수색한다. 원석처럼 얻은 어휘를 메모광(廣)에 저장해두었다가 허기질 때마다 꺼내 시심에 젖거나 붓 가는 대로 방목한다. 이러면 비록 어쭙잖은 시가 되고 에세이가 되지만 마음은 늘 갑부다. 달력을 보니 내일이 벌써 입추다. 모 교회 목사님 아들 결혼식이 11시에 있다. 월요일 9시에는 어머니 병원 예약일이다.

(2015. 8. 7.)

웃음도 잘 웃어야 꽃이 된다

오랫동안 주부습진을 앓고 있는 왼손 약지가 요즘 야단이다. 가려운 것은 대충 참을 수 있지만 껍질이 벗겨지고 물집이 생겨서 남들 보기에 볼썽사나워 어제는 붕대로 칭칭 감고 다녔다. 그리고 오늘 피부과에 들렀다. 젊은 의사가 언제부터 그랬냐고 물어 20년 가까이 되었다고 했다. 식당에서 일하냐고 물어 가끔 한다고 그랬다. 더 이상 묻지 않을 것이라고 생각했는데 주로 무슨 일을 하냐고 물었다. 설거지를 한다고 했다. 이 말을 듣고 나서 의사가 비스듬하게 웃었다.

밖에 비가 내렸다. 가물어서 온 땅이 먼지투성이인데 간에 기별도 가지 않을 만큼 질금질금 내리다 만 비였다. 의사 웃음이 마치 밖에 내리는 비처럼 파안대소한 것도 아니고 상대를 유쾌하게 한 웃음이 아니라 비웃음 비슷했다. 함께 간 아들이 의사가 이상한 사람 아니냐고 열을 냈다. 그리고 피부과가 한 두 군데 있는 게 아니고 집에서 꽤 먼 거리에 있는 병원까지 굳이 다닐 필요가 있느냐며 짜증을 냈다. 내심 다른 병원으로 가려다 아버지께서 드시는 약이 떨어져 겸사겸사 오고 말았다.

의사가 의도적으로 유쾌하지 않게 웃지는 않았을 것이다. 그런데 문진을 할 때마다 느끼는 게 환자를 정중하게 대하지 않는다는 인상을 자주 받았다. 환자는 자신이 앓고 있는 질병에 대한 정보를 잘 모르기 때문에 궁금한 것을 의사에게 묻는 게 당연하다. 비록 질문이 우문에 가깝다 할지라도 성실하게 답을 해줘야 한다. 그런데 이 의사는 내 말이 끝나기도 전에 말을 잘라버리거나 무슨 말을 할 때마다 냉소적인 태도를 보여 기분이 구깃구깃했다. 오늘도 먹는 약을 권하여 오랫동안 혈압강하제를 먹고 있어 부담스럽다고 하자 냉소적인 태도가 더했다.

오래전 어머니를 모시고 모 신경정신과에 들렀다. 어머니 진료 차례가 되어 진료실에 들어갔더니 의사가 오디오를 크게 켜놓고 대중음악을 들으면서 문진을 했다. 그래서 무슨 말을 하는지조차 들리지 않았고 핸드폰을 쳐다보면서 환자에게 관심을 전혀 두지 않고 산만하기 짝이 없었다. 그냥 보고 넘길 수 없어 의사로서 기본적인 직업윤리가 없다면서 호통을 쳤다. 처음에는 황당한 표정을 지었지만 워낙 크게 잘못을 저질러 자세를 누그러뜨리고 죄송하다고 사과하였다.

　우리 주변에는 잘 펴져야 꽃다운 게 많다. 웃음도 웃기 나름이다. 상대를 배려하고 존중하는 마음이 깃든 웃음이어야 꽃으로 피어 상대방을 기쁘게 한다. 낙하훈련을 하는 공수대원이 착용한 낙하산이 잘 펴져야 공중에 꽃으로 피어 생명을 보존할 수 있다. 만일 낙하산이 펴지지 않으면 생명이 위협을 받는다. 오늘 의사가 문진을 하면서 내게 삐딱한 웃음을 보여 내 마음의 풍경이 쾌청하지 않았다. 이번에만 느끼는 것이 아니라 매번 느낀다. 아들 말처럼 집 가까이에도 피부과가 있는데 불편한 감정을 받으며 계속 다닐 필요가 없을 것 같다. 웃음도 웃기 나름이다. 잘 웃어야 꽃이 된다.

　　20년 가까이 앓고 있는/ 왼손 약지 주부 습진/ 자고 나면 물집 짓고/ 시나브로 껍질 벗겨진다/ 피부과 젊은 의사 가로되/ 식당에서 일하느냐고 물어/ 설거지 자주 한다 했더니/ 발 꼬고 비스듬히 웃었다/ 간 차지 않을 만큼 온 비/ 질금질금 오던 길 돌아가다/ 의사 웃음 끝에 매달려/ 삐딱하게 비웃으며 내렸다 / 웃음,/ 잘 웃어야 꽃이 된다

　　　　　　　　　　　　－ 졸시 「웃음도 잘 웃어야 꽃이 된다」

(2015. 5. 30.)

천렵 川獵

폭염이 너무 매섭다. 전국적으로 폭염주의보가 내렸다. 축 처진 숲에서 우는 매미 울음소리가 무리를 잃고 낙오된 밀림 속 누 새끼처럼 처연하다. 지인들이 카톡으로 시원한 물이 흐르는 계곡과 팥빙수를 사진으로 보내왔다. 계곡 사진을 보니 더위도 더위지만 천렵하고 싶은 마음이 앞섰다. 고향 월곡 앞은 상수원인 이사천이 흐른다. 지금은 어업허가권을 받은 일부 사람만 물고기를 잡거나 출입할 수 있지만, 우리가 어렸을 때는 여름 놀이터였다. 학교가 끝나기 무섭게 할아버지께서 대나무로 만들어주신 어망을 들고 이사천으로 달려갔다. 그리고 모래무지를 잡았다.

모래무지 색은 모래와 구별하기 어려울 정도로 비슷하다. 몸

양쪽에 흑갈색 반점이 각각 6개 정도씩 있고 모래나 잔자갈이 깔린 바닥에서 산다. 모래에 붙거나 모래 속에 몸을 묻고 눈이나 코, 머리 일부만 내놓는다. 모래에 파묻혀 살기 때문에 모래무지라고 이름을 붙였다. 모래무지를 잡는 방법은 간단하다. 물 속 모래밭을 천천히 걸으면 물컹거리는 것이 발바닥에 밟힌다. 이 때 허리를 숙여 손으로 꺼내면 백발백중 모래무지였다. 잡은 모래무지를 대나무 어망에 넣고 물속에 반쯤 잠기게 하면 집에 갈 때까지 살아 있었다. 마을 입구에 있는 주막을 지날 때 술을 마시고 있던 사람들이 '라면땅' 한 봉지를 사주고 모래무지 열 마리 남짓을 가져갔다. 초고추장에다 날 모래무지를 찍어 먹으면 그만한 술안주 감이 없다고들 했다.

  육고기나 생선을 명절이나 특별한 날 외에는 구경하기 힘들었던 때라 모래무지를 잡는 날, 우리 식구는 물고기를 매운탕으로 끓여 포식했다. 매운탕을 끓일 때 방아 잎은 약방의 감초처럼 반드시 넣어야 비린내를 없애고, 매운탕 뒷맛을 개운하고 깔끔하게 갈무리할 수 있다. 방아 잎은 매운탕뿐만 아니라 된장국을 끓일 때 넣어도 감칠맛이 나고 부침개를 만들어 먹어도 맛과 향이 아주 좋다. 지금은 물이 많이 오염되고 강을 파헤쳐 모래가 없어지는 바람에 모래무지를 보기 힘들다. 지금도 물살이 세지 않는 모래밭에서 모래무지가 밟혔을 때, 발바닥에 전해 오는 강아지풀 스치듯 한 감촉을 잊을 수 없다. 온몸이 깔리고 짓눌렀는데도 죽은 체하고 시치미 떼는 모래무지의 생존법칙을 일찍이 눈치 챘다.

초등학교 때 학교를 가려면 논길을 따라가야 했다. 우리는 가방이 없어 보자기에 책을 싸서 다녔다. 그래서 책보자기란 말이 생긴 것 같다. 학교가 끝나면 귀갓길에 가위바위보 놀이를 하여 술래가 다른 친구들 책보자기를 다 들었다. 나머지 아이들은 논길 옆에 흐르는 수로에 들어가 손으로 고기를 잡았다. 그 때는 농약을 지금처럼 하지 않아 수로에 고기 반 물 반이었다. 손으로 수초를 더듬으면 은빛 같은 피라미가 걸려들었다. 잡은 고기는 버드나무 가지를 꺾어 껍질을 벗긴 후 아가미를 꿰어 논흙을 묻혔다. 그리고 삼밭에 숨겨 둔 성냥을 찾아 불에 익히면 진흙구이가 되었다. 흙을 털어내고 잘 익은 피라미를 입에 넣으면 뼈와 살이 먹기 좋게 분리되면서 입에서 녹았다.

추수가 끝난 논에서 미꾸라지를 잡던 기억도 생생하다. 논에 물을 대기 위해 물길로 쓰던 곳을 서너 발쯤 막고 물을 퍼낸 다음 손으로 논흙을 파면 윤기 번지르르한 미꾸라지가 나왔다. 손에 잡힌 미꾸라지 감촉은 발바닥에 걸린 모래무지와 사뭇 달랐다. 모래무지는 죽은 체하며 처분을 바라는 눈치지만 미꾸라지는 손가락 사이를 필사적으로 빠져 나가려고 강렬하게 몸부림쳤다. 모래무지 잡는 것은 물놀이를 겸하여 할 수 있어 고기잡이를 한 후 모습이 양반 티가 났지만, 미꾸라지를 잡고 나면 개펄에서 고막이나 낙지를 잡는 것처럼 온몸이 흙탕물로 범벅이 되곤 했다.

유년 시절 이러한 놀이는 놀이 이전에 가족을 위해 찬거리를 만드는 일이었다. 한 달에 한 번 정도 만나 저녁을 먹으면서 교제하는 모임이 있다. 주차와 밥값, 식당 분위기를 고려하여 모 추어탕 집에서 자주 만난다. 미꾸라지 원산지를 국산이라고 표시해 놓았고, 다른 집보다 맛있는 축에 속하여 그 집을 애용한다. 그런데 어린 시절 논에서 잡은 미꾸라지로 어머니께서 끓여주신 추어탕 맛과 비교한다는 것 자체가 모순이다. 어머니께서 끓여주신 것은 잔기교를 부리지 않아 자연적인 맛이 깊이 배어있는 반면, 식당에서 먹은 추어탕은 잔멋만 잔뜩 부렸지 깊은 맛이 나지 않는다. 아무리 맛있는 것일지라도 식당 밥을 오랫동안 먹은 사람은 얄팍한 기교와 자극적인 맛에 금방 질리고 말 것이다.

우리 인간관계도 마찬가지이다. 방아 잎을 넣고 자글자글 끓인 모래무지탕은 늘 감칠맛이 나고 개운하였다. 아무 양념도 하지 않고 논흙을 발라 구워 먹은 피라미는 담백하였다. 직접 잡은 미꾸라지로 끓인 추어탕은 자연적인 맛을 깊게 냈다. 이들 음식이 지닌 공통적 특징은 인공조미료를 거의 쓰지 않고 자연 그대로 조리하고 어머니 손맛이 배어 있다는 것이다. 우리가 다른 사람을 어떻게 대하느냐 하는 것은 음식을 어떻게 조리하느냐 하는 것과 유사하다. 진실을 배제한 채 이런저런 기교만 앞세우면 오랫동안 식당 밥을 먹은 것처럼 상대가 곧 질리고 말 것이다. 아니 그에게 자극적인 상처를 줘서 위염이나 위통을 앓게 할지 모른다. 이순을 눈앞에 두고 천렵에 대한 추억을 떠올리며 누군가를 질리게 하지 않았는지 되돌아보았다.

(2015. 8. 1.)

하몽夏夢

얼마 전 시집 『잠의 뿌리』와 수필집 『이 눈과 이 다리, 이제 제 것이 아닙니다』를 광주에 사는 지인이 주변 사람에게 선물하고 싶다며 10권을 부탁했다. 그리고 나서 한참 후 자신이 출석하는 교회 담임 목사님께서 내 책을 읽으시고 나를 한 번 보고 싶다고 하셨다는 말씀을 전해주었다. 그분은 광주에 있는 신림교회 이전규 목사님이시다.

신림교회는 광주 학동을 지나 증심사로 가는 길목에 있다. 1950년 4월 나환우와 함께 무등산 자락에서 예배드린 것이 뿌리가 된 교회이다. 광주 출신 최초로 장로이자 최초로 목사 칭호를 받은 오방五放 최흥종 목사가 설립하였다. 2006년에 부임한 이전규 목사는 성도와 함께 녹차를 재배하여 등산객이나 이

옷, 해외 선교사와 나누고 있다. 이 목사님은 장신대에서 차와 관련하여 박사학위를 받을 정도로 차 박사이시다.

오방五放 최흥종 목사는 서서평 선교사 유업을 이은 분이다. 서서평 선교사는 찢어지게 가난한 조선에서 22년간 보리밥에 된장국을 먹고, 고무신을 끌고 다니며 '조선인'으로 살았다. 그녀는 광주에서 만성 풍토병과 과로, 영양실조로 숨졌다. 그녀가 남긴 것은 담요 반 장, 동전 7전, 강냉이 가루 2홉뿐이었다. 한 장 남았던 담요를 반으로 찢어 다리 밑에 사는 거지들과 나눴다. 시신도 의학연구용으로 기증하였다. "성공이 아니라 섬김입니다."라는 좌우명을 유언처럼 남기고 떠났지만, 이 말은 그녀가 지금도 살아서 한국 교회와 우리에게 육성으로 생생하게 들려주고 있다.

내가 몸담고 있는 한일장신대학교 봉사관 앞에 서서평 선교사 기림비가 있다. 우리 대학을 설립한 서서평 선교사 삶과 정신을 기리고 본받고자 작년에 세웠다. 신림교회가 서서평 선교사 뜻을 이은 최흥종 목사가 세운 교회라서 관심이 더 갔다. 어느 날 학교로 조그마한 택배가 왔다. 발신인을 확인해보니 이전규 목사님이셨다. 포장지를 뜯었더니 차가 들어 있었다. "정답게 살아가는 법을 배우고 싶거든 차를 마셔요, 우리…."라는 말을 새긴 겉봉투에 '무등산 야생 수제 녹차 광주신림교회 062-224-9182'라는 말이 상냥한 낯빛으로 모여 있었다. 작년까지 하동에 있는 모 다원에서 야생 녹차를 주문해 마셨는데 값이 만만찮아 그만두었던 참에 마음에 쏙 들었다.

책을 주문했던 지인이 가끔 통화할 때마다 이전규 목사님께서 내 안부를 물으시고 광주에 언제쯤 오냐고 여쭈신다고 전해 주었다. 한번 정도면 그냥 인사치레 정도로 생각하고 말았을 텐데 그게 아니었다. 한번도 뵌 적이 없는 목사님께서 어떤 연유로 그러신지 궁금하여 지인에게 물었다. 그랬더니 목사님께서 문학을 좋아하실 뿐더러 자녀로 인해 아픔을 가지고 계신다고 했다. 아픔은 공감하는 친구를 만드는 끈이다. 그리고 경험은 세상과 사람을 연결해주는 가장 빠른 길이다. 아픔을 겪지 않은 사람은 아픔이 얼마나 뾰쪽하고 위태위태한지 잘 모른다. 더욱이 젊은 날 자녀를 먼저 보낸 사람이 짊어진 아픔은 겪어본 사람만이 불립문자不立文字로 서로에게 젖을 수 있다.

여름날 햇살이 수직에 가깝게 서 있다. 그동안 쓰지 않았던 다기를 모처럼 꺼내 무등산 이슬을 먹고 자란 찻잎을 복원하여 정답게 살아가는 법을 배우고 싶다. 우리 삶에서 소통을 소거하면 차갑고 거친 단절만 남을 것이다. 감정이 없는 사실과 삶이 없는 세계밖에 남지 않을 것이다. 이 여름날 무등산에 있는 녹차는 햇볕에 구워지고 담금질되어 단단한 사랑으로 자라고 있을 것이다. 그 견고한 사랑을 꿈꾸며 그대 앞에 서리라.

지독한 가뭄에 밭작물 야위고/ 강이란 강은 가슴을 훤히 드러
내/ 사람 냄새 무진장하게 맡고 싶을 때/ 무등산 새숲차 친구처
럼 찾아왔다/ 정답게 살아가는 법을 배우고 싶거든/ 차를 마셔요
우리라고 했던가/ 찻잎 속 퍼런 피 아침 이슬로 데워/ 고요하게
마주 앉아 두 눈 바라보며/ 식은 사랑 해갈할 수 있다면/ 욱신거
리는 아픔 꽃길을 내고/ 새처럼 청아하게 날아오를 수 있다면/
무등산에서 익명으로 자란 찻잎처럼/ 햇볕에 구워지고 불에 담
금질 되어/ 단단한 사랑으로 그대 앞에 서리라

― 졸시「하몽」

감옥

지금까지 살면서 교도소라는 이름을 붙인 감옥에 들어가 본 기억이 딱 한 번 있다. 30대 후반쯤 되었을 때 건축업을 하다 부도를 낸 사촌 매형이 빚을 갚지 못하고 ○○교도소에 수감되어 아버지를 모시고 면회를 다녀온 것이다. 또 한 번 다녀올 기회가 있었다. 작년 여름쯤 한 지인이 ○○교도소 인문강의 특강을 의뢰했기 때문이다. 그런데 너무 갑작스럽게 일정이 잡혀 다른 일정과 겹치는 통에 다음 기회로 미뤘다. 감옥은 죄를 지은 사람을 가두는 곳이다. 그래서 많은 사람이 들어가기를 꺼려 기피하는 대상이다.

얼마 전 『감옥으로부터 사색』이란 책을 쓴 신영복 교수가 다시는 돌아올 수 없는 세상으로 홀연히 떠났다. 『태백산맥』, 『아리랑』, 『정글만리』와 같은 기념비적인 장편소설을 쓴 조정래 작가가 40년 동안 작품 활동을 하면서 독자들과 문답한 글을 쓴 『황홀한 글 감옥』이란 답문집을 냈다. 한일장신대 차정식 교수는 새벽 산책하는 시간 외에 오로지 글 쓰는 일에만 매달려 가칭 『예수의 공부법』이란 책을 한 달 만에 탈고하고 난 후 "글 감옥에서 벗어났다."라고 했다.

언어가 사전적 의미만 지니고 있다면 우리 의식이나 감정을 다양한 색깔로 그려낼 수 없을 것이다. 다행스럽게 문맥적 의미와 상징적 의미라는 외투를 걸칠 수 있기 때문에 우리가 가진 사고나 의식의 몸을 무지개로 만들 수 있다. '감옥'이란 단어 역시 사전적 의미로만 고정화 하여 쓰면 언어의 사지를 옥죄어 우리가 가진 상상적 영토를 확장시킬 수 없다. 이런 의미에서 '감옥'은 '절대고독'과 서로 이웃하고 있다. '절대고독'은 사회나 사람과 격리당해 일어나는 소외의식과 다르다. 사회나 사람과 결속된 끈을 스스로 끊고 자신을 자기 내부에 철저하게 가두는 의지적이고 독립적인 행위이다.

세상과 단절하지 않으면 자신과 절실하게 만날 수 없다. 많은 성직자가 시든 영성을 회복하려고 의도적으로 세상과 자신 사이의 거리를 아득하게 벌린다. 그리고 절대고독의 집을 건축하고 그 속에서 절실하게 절대자를 만나 영성의 심지에 불을 붙인다. 글을 쓰는 사람도 글을 쓸 때는 이름표 대신 번호표를 붙인 수의를 입고 스스로가 만든 감옥에 자신을 수감시킨다. 그리고 그 속에서 상상력을 발동시켜 문학의 탑을 쌓아올린다.

날마다 거르지 않고 글 나부랭이를 쓰려고 몸부림치는 풋시인으로서 하루에도 몇 번씩 감옥을 들락날락한다. 스스로 수의를 걸치고 글감옥의 독방에 앉아 시적 대상과 대면하는 순간, 설렘과 함께 알 수 없는 평화가 혈관을 타고 흐른다. 때로는 설렘과 평화의 비중만큼 고통이 무거운 걸음으로 다가올 때도 많다. 단숨에 시를 빚은 날도 있지만, 꼬박 날을 새고도 시 한 줄 쓰지 못하고 아침햇살에 눈물을 흘린 적도 있다. 도공은 자신이 혼신을 다해 빚은 도기가 일점일획이라도 흠이 있으면 미련 없이 도기를 다시 흙으로 돌려보낸다.

그런데 난 아직 이런 '버림의 미학'을 득도하지 못해 흠집투성이인 내 글을 감옥 한쪽에 너저분하게 쌓아두고 있다. 때로는 이곳에 까마귀가 물고 가던 구름을 한 조각 흘러 놓고 가기도 하고 까치 떼가 수줍은 웃음을 한 수저 떨어뜨려 놓기도 한다.

이뿐만이 아니다. 아무 곳에나 머물 수 없는 바람 몇 줄기가 새끼처럼 꼬인 몸에 희미해지는 기억들을 관절마다 지폐처럼 꽂고 있다. 우리 몸도 한꺼번에 잠이 든 것이 아니라 따뜻한 곳부터 잠이 들듯 내 글 감옥의 아침 햇볕도 순서를 정해 차례차례 자리를 잡는다. 자정의 고개를 넘으면서 시간은 폭포에서 떨어지는 물처럼 찰나와 찰나가 엮여 빠르게 움직이고 있다.

아직도 수의를 벗지 못하고 글 감옥에 갇혀 있는 새벽 1시, 아침에 라디오에서 들었던 일기예보대로 비가 내린다. 문득 문장 하나가 섬광처럼 번뜩였다. 요즘 일기예보는 참 정직하다. 서둘러 '면회사절'이란 푯말을 붙여놓고 이 문장을 불씨 삼아 동시나 한 편 쓰고 수의를 벗으려고 한다.

(2016. 2. 12.)

대설주의보

　겨울날씨가 오랫동안 살갑다 싶더니 대설주의보에다 한파주의보까지 겹쳐 그야말로 설상가한雪上加寒이다. 글방 앞을 지나는 차들이 설설 기어가는 폼을 보니 시내보다 기온이 한참 떨어지는 집에 돌아갈 엄두가 나지 않았다. 시내 도로는 제설작업을 제때 하고 차가 많이 다녀 얼지 않았지만, 시외 지역은 십중팔구 얼어붙어 있을 게 분명하기 때문이다. 그래서 글방 소파에서 하룻밤을 때우기로 작심하였다.
　하룻밤 정도는 전기난로에 의지하여 찬 공기를 달래고 소파에 담요를 깔고 덮으면 그런대로 잠을 잘만 하다. 이런 날은 잠자는 것에 목을 매달면 불편하거나 심난해진다. 그래서 책 보는 시간을 늘리거나 그동안 쓴 글을 젊은 시절에 찍은 사진을 꺼내듯이 끄집어 내 읽었다. 글을 쓴 당시엔 보물찾기라도 하듯이 눈을 씻고 봐도 발견할 수 없었던 구멍이나 허방을 한눈에 금방 낚을 수 있다.

한파주의보 떨어진 날/ 저수지에 모여 사는/ 물이란 물 푸들거리며/ 속살까지 얼어붙었다/ 우리들 살아가는 날 중/ 삼백 예순 어느 날엔가/ 소리 소문 한 문장 없이/ 강추위 불쑥 오기 마련/ 사는 게 되고 팍팍하여/ 저수지 물처럼 찬 슬픔/ 꽁꽁 붙잡아 놓지 말고/ 얼지 않게 퍼내야 한다/ 아픔도 슬픔과 이웃이라/ 더 이상 아파 시들잖게/ 강처럼 흘러 보내야 한다
― 졸시 「한파주의보」

얼마 전 쓴 이 시와 눈싸움을 하다가 "꽁꽁 붙잡아 놓지 말고"를 "꽁꽁 붙잡아 두지 말고"로 고쳤다. 단 한 글자인 "놓"자를 "두"자로 고쳤을 뿐이다. 그런데도 어감이 훨씬 쫄깃쫄깃하고 말랑말랑해져 맛이 났다. 이런 식으로 그동안 쓴 글을 한참 보고 있는데 갑자기 허기가 몰려왔다. 책상 위에 있는 배달 음식점 광고 소책자를 뒤적거렸다. 넘기는 페이지마다 지면을 식탁 삼아 먹음직스럽게 차려놓은 통닭, 피자, 족발이 입맛을 당겼다.

주문할까 말까 전화기를 들었다 쉼표를 찍고 결단을 마음의 시렁에 올렸다 내리기를 몇 번 하였다. 통닭이나 피자를 혼자

먹는다는 부담감이 찌처럼 떠올랐다 봉돌처럼 가라앉았다. 이때 빙판길을 마다하지 않고 주문한 음식을 배달할 발길을 생각하니 길게 늘어져 유연했던 혀가 참회하듯이 뻣뻣해지기 시작했다. 핑계 댄 혀를 말아 넣고 끈질기게 이어진 갈림길을 벗어나 정수기에서 냉수 한 잔을 촐촐히 따라 마셨다.

  자정이 막 지났다. 하릴없이 먹는 생각만 만지작거리다 우두커니 하루를 보낸 사람처럼 민망스러웠다. 그리고 눈 속에 갇혀 있는 내 자신이 마른 나뭇가지에 앉아 있는 어린 새 같았다. 김현승 시인은 「가을의 기도」 마지막 연을 이렇게 마무리하고 있다.

    가을에는/ 호올로 있게 하소서/ 나의 영혼/ 굽이치는 바다와/ 백합의 골짜기를 지나/ 마른 나뭇가지 위에 다다른 까마귀같이

  "굽이치는 바다"와 같은 파란만장한 인생길을 걷다 이른 곳이 "백합의 골짜기"이다. 이곳은 서정적 자아가 영적으로 도달한 세계이다. 그러나 이곳에 안주하지 않고 '마른 나뭇가지'를 선택하여 절대고독을 꾀하고 있다. 신앙적으로나 문학적으로 작가가 살았던 삶을 손끝 모퉁이만큼도 따라갈 수 없지만, 그가 추구했던 절대고독을 눈 속에서 시늉이라도 해보고 싶다. 그래서 내 안에 있는 모든 것을 바깥으로 밀어내고 오직 나 혼자만

만나고 싶다. 그동안 연어처럼 강을 거슬러 올라왔던 시간들, 그 시간 속에서 만났던 높고 낮은 폭포는 얼마나 많았던가.

  비늘이 벗겨져 진물이 나고 지느러미가 찢어져 아픔이 충만했던 날들. 이런 날 뒤편에서 내팽개치지 않으시고 따뜻하게 붙잡아 주신 하나님, 이분을 대설주의보 내린 눈 속에서 절실하게 뵙고 있다.

(2016. 1. 18.)

헛꿈

 큰아들이 군대를 제대하자마자 서울에 있는 모 교회 교육전도사로 사역을 시작하였다. 아직 복학을 하지 않아 금요일에 상경했다가 월요일 늦은 시간에 귀가하고 있다. 잠은 학교 기숙사에서 생활하고 있는 친구에게 빌붙어 잔다. 서울을 오갈 때 열차를 이용한다. KTX나 새마을호를 이용하면 돈이 너무 많이 든다며 무궁화를 고집하며 타고 다닌다. 교회에서 받는 사례비로는 오가는 차비나 식비를 감당하기 버겁기 때문이다.
 애비가 보기에 너무 안쓰러워 "차비 몇 푼 아끼려 하지 말고 편하게 다녀라."고 맨날 성화를 댔다. 이럴 때마다 녀석은 오가면서 책을 보거나 설교를 구상할 수 있어 더 좋다고 딴전을 피웠다. 게다가 서울에 한 번씩 오르내릴 때마다 내 지갑에서 솔

솔 돈이 빠져나가는 걸 영 미안하게 생각했다. 여자친구라도 사귀면서 살라고 하면, 시간이 없을 뿐더러 돈이 든다며 서둘러 내 입을 봉해버렸다.

오늘 아침, 집사람이 문학회에서 온 우편물을 확인했냐고 했다. 그리고 다른 달보다 카드결제비가 많이 나왔다면서 내 눈치를 살폈다. 이미 예상하고 있던 터라 무덤덤하게 받아들였다. 큰아들이 제대하면서 정장과 신발을 산 데다 생각하지도 않았던 차량수리비와 내 치과 진료비가 더해졌기 때문이다. 여기에 공과금과 연료비가 덤터기로 씌워지면서 굽은 등에 폭설이 내린 것이나 다름없었다.

2층에서 허겁지겁 내려온 아들이 날 불렀다. 부드러운 목소리가 병뚜껑처럼 열리더니 표정이 금방 머쓱해졌다. 한참 뜸들이던 녀석 입에서 나온 말이 오늘까지 기숙사비를 내야 한다고 했다. 백만 원 언저리에 해당하는 돈이었다. 이것은 설상가상이 아니라 전상가전錢上加錢이었다. 미안한 기색을 얼굴에 이름표처럼 매단 녀석이 월급을 받으면 갚겠다고 했다. 귀가 없는 나무가 들어도 웃을 말이다.

2월 말쯤 시집을 발간하려고 꾸깃꾸깃 모은 돈이 마침 아들이 내야 할 기숙사비만큼 있었다. 시집 한 권을 발간하기에는 턱없이 부족한 금액이지만 종잣돈이라고 치면 마음 편할 액수였다. 요즘 발간할 시집 제목을 무엇으로 할지, 출판사를 어디로 정할지, 몇 작품 정도 실을지, 시평을 누구에게 부탁할 지, 행복하게 꿈에 젖어 있었다. 여기에 수필집도 발간하려고 계획을 단단히 세웠던 터에 갑자기 줄이 끊긴 연처럼 허공으로 곤두박질하는 기분이었다.

　서재에 있는 비밀창고에 꾸깃꾸깃 숨겨 놓은 종잣돈을 챙겨 나오면서 아들을 불렀다. 아들이 메모한 계좌번호를 건네받으며 녀석에게 '이것은 아빠가 아들에게 주는 돈이 아니라 신학생에게 주는 장학금'이라고 했다. 애비가 자식에게 학비를 대는 것은 당연한 의무이다. 그러나 신학생에게 장학금을 준다는 마음을 가지면 의무라는 틀을 벗어나 마음이 가벼울 것 같았기 때문이다.

　내 시집을 발간하려던 종잣돈이 아들 기숙사비로 용도가 바뀌어 날아갔다. 아니 대부분 사람이 공부하는 것을 꺼려 가기 싫어하는 신학도의 길을 걷는 한 신학생 장학금으로 썼다. 『마른 풀잎』 아니면 『웃자란 슬픔을 전지하다』란 제목을 붙여 세상에 내놓으려 했던 시집 발간에 대한 꿈을 잠시 접어야 할 판이다. 내가 꾼 꿈이 잠시 헛꿈이 되었다. 그러나 아들이 돈이 되지 않는 길을 선택하여 외롭게 걷고 있듯이 나 역시 돈이 되지 않는 시 쓰는 꿈을 접지 않을 것이다. 잎을 완전히 펼친 꽃보다 적당하게 접고 있는 꽃이 더 신비스럽고 아름답게 보이는 법이다.

날씨가 춥거나 날이 어두우면 꽃은 제 잎을 완전히 열지 않는다. 내 삶의 추위가 가시고 어둠이 걷히면 잠시 접었던 잎을 활짝 펼치려고 한다. 그런 날이 언제 올지 모르지만 누구에게든 봄날은 오기 마련이다.

(2016. 1. 21.)

제2부

무릎에 새기다

무릎에 새기다

전원으로 이사하여 생활한 지 여덟 해가 지났다. 이곳에서 시내에서 살 때 갖지 못했던 호사를 누리며 살고 있다. 시골살이가 으레 그렇지만 다른 것은 몰라도 깨끗한 자연 속에서 맑은 공기를 배불리 먹을 수 있다는 게 참 좋다. 게다가 특별하게 마음먹거나 계획하지 않고도 신발만 신고 나서면 산이 자리 잡고 있어 언제든지 산에 오를 수 있다. 내가 사는 마을은 꽤 높은 묵방산이 마을 주위를 산이 둘러싸고 있다. 이사한 해에 인적이 끊겨 지워진 묵방산 등산로를 살리려고 혼자 산에 올랐다가 내려오는 길을 잃고 말았다. 몇 시간을 헤맨 끝에 119구급대에 전화하여 겨우 내려왔다.

산에 오를 때 잔 나뭇가지를 낫으로 베고 낙엽을 갈퀴로 긁은 다음 군데군데 리본으로 표시했는데도, 하산하면서 길을 잃고 만 것이다. 이 일을 겪은 후 산에 대해 가졌던 교만함을 내려놓았다. 평상시에는 주로 집에서 묵방산 아래에 있는 원각사까지 산책하지만, 시간적인 여유가 있으면 묵방산 중간쯤 올랐다가 내려온다. 산이 워낙 가팔라 오르내리는 것이 힘들고 위험하기 때문이다. 어쩌다 버섯 캐는 사람이나 고사리 뜯는 사람이 가뭄에 콩 나듯 들랑날랑할 뿐, 인적이 드물어 혼자 산에 오르려면 섬뜩한 기분이 들 때도 있다.

 오늘은 학생회에서 이틀 동안 체육대회를 실시하여 강의가 없는 날이다. 오전에 대학원생을 대상으로 특강을 하고 점심을 먹은 후 묵방산에 올랐다. 원각사 뒤쪽에 있는 등산로는 완만하여 별로 힘들지 않지만, 3부 능선쯤 오르면 오로지 오르막길뿐이다. 경사가 급한데다 잔돌이 깔려 있어 등산용 스틱을 짚어도 미끄러짐이 심하여 나무를 덤으로 붙잡아야 할 정도이다. 앞집에 사는 용기 씨는 몇 해 전 고사리를 뜯으러 갔다가 하산하는 길에, 이곳에서 미끄러져 오른발 아킬레스건을 심하게 다쳤다. 그래서 몇 달 동안 직장을 휴직하고 병원 신세를 졌다.

 우리 삶은 팽팽한 긴장감 속에서 흘러간다. 경사가 급한 산을 오르내릴 때 긴장의 끈을 놓으면 넘어져 허방을 짚거나 다치기 마련이다. 인생을 여러 가지 사물이나 자연현상에 비유하거나 마라톤이나 특정한 스포츠에 빗대기도 한다. 우리 삶은 등산과 흡사하다. 힘들게 올라가야 하는 오르막길이 있는가 하면 힘 들이지 않고 내려오는 내리막길이 함께 공존한다. 오르막길을 오르는 것이 힘들어 너무 오래 쉬면 힘이 소진되어 다시 걷는 것이 더 힘들어지고, 내리막길을 내려올 때 긴장을 풀면 자칫 넘어질 수 있다.

초봄 산허리마다 눈부시게 만발했던 산벚꽃과 산복숭아꽃이 어느새 제 몸에 새긴 단청을 벗어내고 있다. 연둣빛이 초록으로 부풀어 번지는 곳마다 새 울음소리가 초록동색으로 파랗다. 예제서 불쑥불쑥 고개를 내밀기 시작한 취 향기는 코끝에 매달린 바람 옷소매를 아슬아슬하게 붙잡고 있다. 산 아래 멀찍이 있는 마을 집들이 꼬막 껍데기를 엎어놓은 것처럼 옹기종기하다. 소나무 끝마다 콩나물처럼 올라온 솔 순은 제법 살이 붙어 송홧가루 날리는 오월이 멀지 않았다. 바위에 앉아 눈 아래 겹겹이 펼쳐진 초록 풍경을 바라보니 마치 남해 가천마을에서 바다를 보는 것처럼 시계가 시원스럽다.

등에 배인 땀이 식기 전 산을 내려왔다. 산은 오를 때보다 오히려 내려올 때 더 조심해야 한다. 특히 묵방산은 잠시라도 정신을 팔면 엉덩방아를 찧기 일쑤다. 서두르지 않고 한 발 한 발 적당한 위치를 골라 발바닥을 잘 놓으며 내려와야 한다. 얼마나 긴장하고 조심스럽게 내려왔던지 3부 능선 평탄한 곳에 도착하자 발이 풀려 쥐가 날 것 같았다. 원각사 큰 법당을 지나

산문을 나서자 시멘트로 포장한 길이 나왔다. 거의 날마다 산책하는 길이기 때문에 길섶에 핀 풀꽃까지도 샅샅이 꿰뚫고 있는 곳이다.

산을 오르내릴 때 품었던 긴장을 보따리 풀듯 풀고 스틱을 길바닥에 끌면서 한가하게 걸었다. 서너 걸음 뗄 때마다 민들레와 제비꽃 같은 키 작은 앉은뱅이 꽃이 무리지어 피어 다정스럽게 보였다. 바람 꼬리를 몸 끝에 새긴 이름 모를 풀꽃은 몸 끝에 쌍둥이 같이 닮은 꽃을 매달고 있다. 한참을 해찰하다 집 앞에 거의 이르렀을 때, 얼음 위에서 썰매가 미끄러지듯이 길바닥으로 넘어지고 말았다. 정신을 놓고 가다 돌멩이를 밟은 순간 몸이 날아간 것이다. 등산복이 찢어지고 오른쪽 무릎에서 피가 흘렀다. 혹시라도 보는 사람이 있을까 봐 서둘러 일어났지만 너무 심한 통증 때문에 걸을 수가 없었다.

통증이 가시기를 기다리며 길가에 앉아 하늘을 올려다보았다. 맑고 투명한 하늘에서 새 한 마리가 나뭇잎 지듯이 낙하하다 이내 중심을 잡고 날아올랐다. 오늘, 정신 놓고 살다보면 산보다 돌멩이가 더 높은 봉우리인 것을, 허망하게 넘어지고서야 알았다. 평탄한 길도 산을 내려오듯 조심하고 근신하며 걸어야 한다는 것을, 피 흐르는 무릎에 지문처럼 깊이 새겼다.

(2015. 4. 29.)

마음의 바구니

　5월이 문턱을 넘으면서 연둣빛 산야가 초록으로 짙어가고, 자기 몸에 새긴 단청을 지우기 시작한 꽃은 평화스럽게 지기 시작한다. 얼마 전, 문예지와 함께 집 우편함에 청첩장이 두 개 들어 있었다. 하나는 지역발전위원으로 함께 활동하고 있는 모 교회 목사님 아들이 결혼한다는 청첩장이었고, 다른 하나는 인근 지역 주소가 박힌 것이었다. 그런데 발신자 이름을 기억 속에서 아무리 끄집어내려고 했지만 도무지 알 수 없었다. 세상에 별일 다 있고, 별스런 사람 다 있다고 생각하며 책상에 두었다.
　요즘 하루 이틀 걸러, 부고 역시 잦다. 초등학교 동문뿐만 아니라 고등학교 동문, 문학회 회원, 직장 동료, 사회나 교회에서 연분을 맺은 지인 부모나 장인, 장모에 이르기까지 정신이 없다. 장인과 장모님은 이미 소천하셨지만, 부모님께서 살아 계시고 큰아들이 결혼하려면 아직 멀었다. 이런 상황에서 경사는 일일이 다 챙기지 못하고 애사는 가능하면 챙기고 있다. 다만 고향을 떠난 지 오래되어 초등학교 동창과 고등학교 동창은 특별하게 친분이 있는 사람만 챙기고 있다.

  몇 해 전, 장모님께서 소천하셨을 때 친한 지인은 멀든 가깝든 거리를 마다하지 않고 거의 찾아주었다. 사업에 실패하고 하루하루 일용직 일을 하며 어렵게 지내던 호민이는 이틀 동안 장례식장에서 자고 장지까지 함께 가주었다. 장지에 가서 처남이나 내가 미처 챙기지 못한 것들을 세심하게 살펴서 일처리를 해주었다. 반면에 모 친구는 어머니와 장모님께서 소천하셨을 때 자정이 넘은 시간에 원거리까지 가서 문상을 했는데도 찾아오기는커녕 아무 연락도 주지 않았다.

  우리가 살면서 가장 많이 받는 소식이 청첩과 부고일 것이다. 이 가운데 평소 연락을 주고받으며 친분을 유지하고 있거나 같은 직장, 동호회, 신앙 공동체에 속한 사람이 대부분이다. 그러나 평소 한번도 연락을 주지 않다가 청첩이나 부고할 일이 있을 때, 뜬금없이 연락을 주는 사람이 더러 있다. 이럴 때 어떻게 처신해야 할지 난감한 게 사실이다. 사적인 모임에서도 보면 자신은 애경사 다 챙겨먹고 나서, 슬그머니 모임을 그만두는 사람이 있다.

청첩과 부고뿐만이 아니다. 병문안을 가야 할 일도 많이 생긴다. 원하지 않게 병에 걸렸거나 뜻하지 않게 사고를 당해 입원한 지인을 찾아 위로하고 격려하는 것은 당연히 해야 할 일이다. 너나 할 것 없이 힘들게 살았던 시절, 목돈이 드는 자식 결혼이나 부모상(喪)과 같은 경조사 때 조금씩 돈을 보태 도운 것이 경조사비이다. 이러한 미풍양속이 요즘 상호부조가 아닌 상호부담으로 여길 만큼 변질되었다. 경조사비 금액 수준으로 친분에 대한 기준을 따지기 때문이다.

한국경제신문이 지난 2월 27일 리서치 회사 마크로밀엠브레인과 공동으로 직장인 500명에게 온라인 설문조사를 벌였다. 이 결과 '경조사비가 가계에 부담이 된다.'는 응답이 92.4%에 달했다. 경조사비 지출액도 매년 증가하는 추세다. 통계청에 따르면 지난해 경조사비를 포함한 '가구 간 이전' 월 지출액은 가구당(2인 이상) 21만 1928원이다. 관련 통계를 작성한 2003년(14만 2369원) 이후 꾸준히 늘고 있다. 과거에는 마을에 결혼식이 있거나 초상을 당하면 온 마을 사람이 하나가 되어 며칠씩 자기 일처럼 여기고 도왔다.

그러나 지금은 뭐니뭐니 해도 돈으로 모든 것을 해결하려고 한다. 진정한 축하와 위로는 돈보다도 먼저 상대를 이해하고 절실하게 배려하는 마음이 앞서야 한다. 책상에 두었던 청첩장

발신자가 어렴풋이 생각났다. 지역발전위원 명단에는 이름이 있었지만 회의는 한 번도 참석하지 않는 사람이었다. 가야 할지 말아야 할지 미처 정하지 못한 두 마음이 서로 눈치를 살피고 있다. 참 풀기 어려운 난수표이다. 그래도 보낸 사람 마음을 헤아려 달력에 참고표를 크게 그린 다음 빨간 펜으로 메모를 해 놓았다. 아직 마음의 바구니에 담지 못하고…….

(2015. 5. 10.)

만남

　두어 달 전, 여수에 사는 초등학교 여자 동창이 수필집 『이 눈과 이 다리, 이제 제 것이 아닙니다』를 스무 권 부탁했다. 평소 교제하고 있는 목사님과 교인들에게 나눠주고 싶다는 것이었다. 초등학교를 졸업한 지 40여 년이 지나 얼굴을 전혀 기억하지 못했지만 고마웠다. 한 달 뒤 여수광명교회 서정곤 목사님께서 8월 23일 주일 오후에 교인들에게 내가 살아온 이야기를 간증해달라고 전화를 하셨다. 누룽지 같은 구수한 남도 사투리로 "교회 올 때 치마만 입지 말고 오라."고 하셨다. 「짝 양말」이란 글에서 "봄이 오면 치마를 입고 짝짝이 양말을 신고 관통로를 한번 활보하려고 한다. 그리하여 상식의 한계에 갇혀 사는 내 자신에게 날개를 달아주고 싶다."는 부분까지 정독을 하신 것이다. 그리고 수필집 서른 권을 부탁하셨다.

여수 교회에 간다는 말을 들은 이후 집사람 잔소리가 늘기 시작했다. 가는 날까지 성경을 많이 읽고 기도하는 시간을 늘리라는 신앙적인 충고였다. 이런 충고는 이번뿐만 아니라 평소 잊힐 만하면 한 번씩 내 마음을 클릭하여 댓글을 불쑥불쑥 달곤 했다. 그리고 어디 가든지 훈용이 이야기를 하지 말라고 밑줄을 빨갛게 쳤다. 함께 나눌 만남에 대한 주제를 "저의 삶, 저의 시"로 정했다. 문학은 본디 우리 삶을 예술적 형식을 빌려 문자로 나타낸 것이고 시는 문학 갈래 가운데 하나이다. 그동안 쓴 시 가운데 말씀을 나누기에 적절한 시 열 편을 골랐다. 「기도」, 「훈용이 마음」, 「아내가 바람났다」, 「설거지」, 「아들에게 묻다」, 「이제야 겨우」, 「감히 감사합니다」, 「기적은 기적처럼 오지 않는다」, 「마른 풀잎」이다.

목양실에서 처음 뵌 목사님 모습은 친근한 고향 형님 같았다. 건축한 교회를 6년 전에 매입하여 17억 원에 이르는 빚을 거의 갚았다고 했다. 교인들이 목회자 사례비를 인상하려고 할 때마다 빚을 갚을 때까지 자진하여 동결했다고 하셨다. 목사님께서 그 교회를 매입한 동기가 엘리베이터를 비롯해 신체적 약자나 노약자를 위한 시설이 잘되어 있었기 때문이라고 하셨다. 한국 교회가 이 지경에 이른 원인을 99%가 목회자 탓이라고 자책하시는 모습에서는 고뇌가 어렸다.

중·고등부 몸 찬양이 끝나고 "고난당한 것이 내게 유익이라"(시편 119편 71절)란 말씀을 봉독한 후 내게 시간이 주어졌다.「기도」는 큰아들이 초등학교 때 쓴 동시다. 이 가운데 "우리 훈용이 눈 빨리 나아 같이 놀게 해 주세요."란 말이 나온다. 집사람은 훈용이 이야기를 하지 말라고 했지만 내 삶에서 훈용이를 어떻게 지울 수 있겠는가.「훈용이 마음」은 훈용이가 눈을 뜨면 가장 보고 싶은 것이 무엇일까를 생각하며 쓴 동시다. 훈용이는 아마 엄마 얼굴이 가장 보고 싶을 것이다. 19년을 살아왔으면서 24시간 내내 그림자처럼 붙어 있는 엄마 얼굴을 한 번도 보지 못했으니 말이다.

훈용이가 태어나면서 안방을 훈용이와 집사람이 차지한 상황을 쓴 것이「아내가 바람났다」이다. 밥상은 늘 쓸쓸하여 끼니마다 허하고 구깃구깃해진 삶이 늘 뾰쪽뾰쪽하고 위태로웠다. 가려운 일상은 피나게 긁어도 늘 가려워 차마 날 수 없었다. 훤한 낮이거나 캄캄한 밤이나 늘 혼자이거나 나와 동침하였다. 훈용이가 날마다 날을 꼬박 새기 때문에 집사람도 잠을 밤새 자지 못해, 아침과 찬거리는 어머니 몫이고 설거지는 늘 내 차지였다. 훈용이는 육안이 닫혀 있고 말문과 귀문이 녹슨 열쇠처럼 막혀 있다. 게다가 지능은 갓 돌 지난 아이 수준이다. 이런 훈용이가 내 삶에서 스승일 때가 많다. 그동안 볼 것, 못 볼 것 다 보고, 할말 못 할말 다하면서 얼마나 툴툴거리고 씰룩거리며 죄를 지었던가. 묵묵부답인 아들 앞에서 사는 것은 세월을 견디며 침묵해야 한다는 것을, 나와 아들 사이를 잇는 고요 속에서 알아냈다.

두 딸을 일찍이 데려가시고 훈용이까지 복합중증장애를 가지고 태어나자 하나님을 원망했다. 아니 존재 자체를 부인했다. 새벽기도를 하던 어느 날, 그것이 하나님께서 과분하고 우아한 사랑으로 날 정금같이 순전케 하시려고 한 것이 아닐까 하는 의문이 들었다. 정녕 그러하시다면 하나님께서 날 사랑하신다는 것을 겨우 눈치 챌 수 있었다. 이 순간에도 숨 멎지 않고 날숨 들숨 쉴 수 있는 것, 두 눈에 환한 햇살 집어넣고 세상 볼 수 있는 것, 주리지 않고 식구들이랑 둘러앉아 밥 한 공기 먹을 수 있는 것, 숟가락 들 수 있는 손 있고, 젓가락질할 수 있는 손가락이 온전한 것 죄다 감사할 일이다. 신발 신고 걸을 수 있는 두 발 있는 것, 풀잎노래 들을 수 있는 귀 있는 것, 아픔 주셔서 아픈 이를 이해하고 사랑할 수 있는 것, 달빛이나 저물어 가는 저녁노을 아래서 시심 떠오르게 하신 것 모두 감히 감사할 일이다.

기적은 기적처럼 오지 않는다. 아침처럼 찾아온다. 기적은 기적처럼 오지 않고 사소하게 찾아온다. 기적은 기적처럼 오지 않고 절실하게 찾아온다. 기적은 기적처럼 오지 않고 저녁처럼 찾아온다. 우리가 아무 탈 없이 아침에 일어나 아침 햇살을 보았다면 기적을 이미 경험한 것이다. 게다가 새소리를 듣고 가족들 이름을 부를 수 있다면 이미 기적을 만끽한 것이다. 저녁에 돌아갈 집이 있고 그 집에서 깊은 잠을 잘 수 있다면 이미 기적이 일어난 것이다. 마른 풀잎은 말라서 더 빛이 난다. 눈 속에 푸른 봄보다 더 꼿꼿하다. 우리가 살다보면 아프고 힘든 날이 있다. 아프고 힘들다고 메말라 바람에 날리면 안 된다. 그렇게 하고 말기엔 우리들 타고난 이름이 부끄러워진다. 마른 풀잎처럼 당당하게 서서 싱싱한 날을 기다려야 한다. 우리 삶이 정말 장장하기 때문이다.

  내 삶은 가난과 두 딸을 가슴에 묻은 아픔, 중증복합장애를 가진 아들의 애비로 사는 고통에 이르기까지 한마디로 가혹하고 버거운 아픔의 연속이었다. 그러나 감히 고백건대 이런 아픔이 내 시의 자양분이 되었다. 내가 살아야 할 이유이자 가치가 되었다. 많은 사람이 내 말을 듣고 공감하거나 눈물을 흘렸다. 간증을 마치고 목양실에서 목사님과 다과를 하면서 이야기를 많이 나눴다. 귀한 커피에 갓김치, 멸치, 자반고등어, 두툼한 봉투까지 살뜰하게 챙겨주셨다. 두툼한 사례비와 책값은 개인적으로 한푼도 쓰지 않고 좀 더 보태 하나님을 찬양하는 일에 전부 후원하려고 한다. 수필집을 정독하시고 주부 같은 삶, 고단한 가장으로 사는 나를 깊이 배려하신 것에 감사드린다. 귀한 만남에 부자가 되었을 뿐 아니라 참 목자를 만난 기쁨에 갑부가 되었다.

(2015. 8. 24.)

밤의 산책

한뼘 한뼘 기울어지는 석양을 스마트 폰 속에 끌어들이려고 했으나 미꾸라지처럼 빠져 나갔다. 저녁이 똑같은 길이로 다가오다 이내 어둑어둑해졌다. 그리고 음력 7월 보름달이 떴다. 달빛에 맑은 구름이 새처럼 난다. 이런 날 산 그림자는 허물없이 다가와 팔짱을 끼고 달빛 아래 혼자여도 외로울 겨를이 없다. 피곤에 찌든 몸이 달빛을 머금고 달맞이꽃처럼 피었다. 하품이 나왔다. 하품을 할 때마다 눈물이 났다. 슬프지 않는데도 눈물이 나는 것은 안구건조증이 심할 때와 하품할 때 말고는 없었다. 너무 기뻐도 눈물이 난다고 하는데 그런 경험을 한 적이 한 번도 없어 수수께끼 같다.

하루도 빠지지 않고 밤길을 산책하는 것에 중독된 지 오래이다. 비가 오면 우산을 받치고 걷고 늦은 시간에는 랜턴을 가지고 걷는다. 걷지 않으면 생각이 분산되고 잠마저 오지 않기 때문이다. 시골 밤길은 마을을 조금만 벗어나면 곧장 들길로 이어진다. 밤에 들길을 걷다보면 예상하지 못한 일을 당한다. 발걸음 소리에 지레 놀란 멧돼지 때문에 머리카락이 곤두서기도 하고 어둠 속에서 고라니가 부리나케 달아나는 바람에 심장이 놀라기도 한다. 이런 일만 없으면 시골 밤 들길은 평온하기 그지없다.

　밤이슬에 척척하게 젖은 풀숲에서 풀벌레들이 목청을 가다듬고 있다. 달빛을 머금은 풀잎이 희번덕거렸다. 인삼밭 차양막에 떨어진 달빛이 숨 가쁘게 미끄러져 내렸다. 달 그림자 아래 옹기종기 모인 인삼들이 평평하게 줄지어 서 있다. 화심소류지 입구에 있는 가로등이 달 밝은 풍경에 주눅이 들어 달빛에 몸을 낮췄다. 윤슬마다 묻은 달빛이 반짝거리는 화심소류지가 황홀한 빛의 향연을 벌였다. 돌을 하나 집어 들어 물속으로 던지자 풍덩 소리를 달빛이 삼켜버렸다. '감전주의' 경고 표지를 빨갛게 붙인 전기 울타리 주변에도 달빛이 흥청거렸다.

　원각사 입구 주차장에 이르자 풀 냄새가 진동했다. 아마 인근 산소에서 벌초를 한 모양이다. 목숨이 끊어지는 순간 고상한 냄새를 풍기는 것은 풀밖에 없을 것이다. 쓰러진 풀냄새가 달빛과 어울려 향기롭고 달짝지근하다. 꺾인 풀은 아무 일 없었던 것처럼 다시 당당하게 일어설 것이다. 이런 일에 속이 상해 넘어지고, 저런 일에 마음이 아파 우울해 할 때가 많은 게 우리 삶이고 보면 우리는 풀보다 못한 존재이다. 조그만 것을 비우지 못해 가볍게 날지 못하고 얄팍한 자존심을 꺾지 못해 스스로 만든 허방에서 헤어나지 못할 때가 있다.

 밤길에서는 고요가 지나쳐도 불안하다. 허공을 향해 비문법적인 문장을 하나 던졌다. 귀 밝은 원각사 백구가 번갈아 가며 짖다가 낯익은 목소리라고 여겼던지 이내 침묵했다. 백구 울음소리에 놀란 달빛이 잠시 멈칫했다. 그들은 아마 꼬리를 흔들어대며 날 기다리고 있을지 모른다. 밤이 깊어 발길을 돌렸다. 누군가를 만난다는 것은 원수가 아닌 이상 기쁜 일이다. 더욱이 숨 막힐 정도로 보고 싶은 사람은 꿈에서라도 만나야 한다. 그렇지 않으면 시름시름 아프기 때문이다. 몸살은 푹 쉬거나 약을 먹으면 낫지만 마음살은 약이 없다.

 같은 길, 같은 달인데도 가던 길을 뒤돌아올 때 쏟아진 달빛은 각도가 넓어져 더 풍성해지고 맑아졌다. 그 달빛에 고요가 길게 깔렸다. 고요함에 귀를 기울이자 내면에서 평화가 무수하게 일어났다. 오늘 하루, 너무 바쁘고 분주하여 마음은 고사하고 몸 한 귀퉁이 돌볼 겨를 없이 살았다. 그래서 이 하루가 얼마나 소란스럽게 요동치고 흔들렸던가. 마음속 깊이 달빛을 끌어들여 스스로를 바라보았다. 그 순간 생각이 멎고 달빛만 보였다. 달빛 아래서 생각을 잠시 똘똘 말아두자, 망혼일 보름달 같은 마음이 밝고 고요해지기 시작했다. 이 고요 속으로 세상의 잡다한 생각들이 들어오더니 차례차례 하나씩 죽어 나갔다.

(2015. 8. 28.)

불의不意

    8월의 마지막 날이자 월요일 아침, 다른 날보다 일찍 일어나 산책을 했다. 아침 산책길에 어김없이 만나는 거대한 안개 숲과 풀숲에 앉은 이슬에 눈길을 보내고, 고요하게 우짖는 새소리를 듣고 걷다보니 어느새 원각사에 이르렀다. 알은척 해달라는 백구와 악수를 나누고, 어제 잠자리에 들기 전 세웠던 하루 계획을 하나씩 끄집어냈다. 강의가 늦은 오후에 있어 오전에 작업실에 들러 오늘 쓸 글감을 구상한 다음 학교 가는 길에 어머니 심부름을 하려고 마음먹었다. 작업실에 들러 글감을 찾으려 했지만 상상의 통로가 막혀 글감이 떠오르지 않았다.

    학교 가는 길에 어머니 심부름을 하러 모 아파트에 들렀다. 도시가스공사를 한창 벌이고 있어 차량 통행이 원활하지 못하고 복잡했다. 교통을 안내하는 사람 수신호에 따라 차를 멈춘 순간 쿵하는 소리와 함께 허리와 목이 묵직해지고 구토가 나왔다. 정신을 차리고 차에서 내렸더니 어린아이를 안은 젊은 여자가 차에 앉아 있었다. 한참 있다 나오더니 딴생각을 하다가 실수를 했다고 했다. 뒤 범퍼 한쪽이 완전히 들어가고 차체도 찌그러져 있었다. 현장을 촬영한 뒤 연락처를 서로 주고받았다. 학교에 들러 수업담당 선생님께 사정을 이야기하고 수업을 휴강했다. 입원해야할지 몰라 집에 들러 집사람한테 부모님께 아무 말도 하지 말라고 당부하고 기본적인 것을 챙겨 병원으로 향했다.

점심시간이 되어 먼저 공업사에 연락하여 차를 입고시키고 랜트카를 신청하였다. 작업실에서 점심시간이 끝나기를 기다리면서 사고를 일으킨 사람에게 문자를 했다. "경황이 없어 그냥 지나쳤습니다. 아이는 괜찮습니까?" 잠시 후 답신이 왔다. "네. 아이는 옆에 태우고 왔는데 다행히 자고 있어서 놀라거나 다치지는 않은 것 같습니다. 내려서 다치셨는지 확인했어야 했는데 아이를 먼저 챙기느라 내리지도 못하고 죄송합니다. 많이 놀라신 것 같은데 쾌차하시기 바랍니다." 이 말 밑에 "감사합니다." 고 답했다.

병원에 들러 엑스레이를 찍은 결과 뼈에는 이상이 없었다. 통증완화 주사를 맞고 물리치료를 받았다. 물리치료를 받는데 두 시간 이상이나 걸렸다. 그런데도 정신 나간 사람처럼 온몸이 무겁고 머리가 멍했다. 그동안 주변에서 나와 같은 사고를 당한 사람을 많이 봤다. 그때마다 직접 겪은 일이 아니라서 강 건너 불구경 하는 식으로 여겼다. 그런데 다른 사람 일로만 여겼던 사고를 직접 당하고 나자 몸이 아픈 것은 물론 불편한 것이 한둘이 아니었다. 개학한 지 얼마 되지 않았는데 휴강을 해야 하고 일분 일초가 아쉬운 상황에서 당분간 통원치료 받을 것을 생각하니 아픈 머리가 더 아팠다.

 이 사실을 알 리 없는 큰아들이 전화를 했다. 허리 통증 때문에 내일 대전에 있는 국군병원에 가야 한다며, 아침 일찍 부대까지 태워 달라고 했다. 온 가족이 다 환자이다. 아버지와 훈용이는 감기에 걸렸고, 어머니는 다리가 아프셔서 요즘 마취통증과에 다니고 계신다. 큰아들은 오래전 허리를 다친데다 감기를 심하게 앓고 있다. 집사람은 날마다 잠을 설쳐 몸살기를 안고 산다. 여기에 나까지 사고를 당해 몸이 온전하지 않으니 정말 앞이 캄캄했다. 설상가상도 유분수지 이게 무슨 조화란 말인가.

 나름대로 삶을 어렵지 않고 쉽게, 복잡하지 않고 단순하게 살려고 노력하는데도 왜 이렇게 꼬이고 얽히는지 알 수 없다. 사고를 당하기 이전까지 오늘 맞이할 하루를 설레며 기다렸다. 오늘 어떤 소재로 글을 쓸 것인지, 수업을 시작하기 전 관심 끌기를 무엇으로 할 것인지, 지난 주 사랑 때문에 아파하며 상담을 했던 혜인이가 날 보면 무슨 말을 할지…. 그런데 불의의 사고를 당해 하루가 뒤죽박죽 되어버렸다. 하루 앞도 예측하지 못한 게 우리 인생이라는 사실을 새삼 깨닫는 순간 허기가 속쓰리게 밀려왔다.

이런 와중에 사고가 크게 나서 아예 드러눕지 않은 게 다행이라는 생각이 물안개처럼 피어올랐다. 대형 트럭에 받히지 않고 그나마 소형 승용차에 받힌 게 감사했다. 벌써 소문이 났는지 몇몇 학생이 문자로 안부를 물었다. "교수님! 어느 병원입니까?", "교수님! 빨리 나으시길 바랍니다. 아프면 안 돼요.", "사랑해요. 교수님! 저희가 있잖아요." 이런 문자를 보면서 내가 아파서는 안 될 이유가 무엇인지 알았다. 선생은 학생들을 위해서라도 아프면 안 된다. 쓰러져도 강의실에서 쓰러져야 한다.

오늘 쓸 글감을 찾지 못해 밥값을 하지 못할 뻔했다. 그런데 전혀 생각하지 않은 일을 당하고서 '불의不意'란 이름으로 밥값을 겨우 하였다. 정말 뜻하지 않았던 글이다. 이것 또한 감사할 일이다.

(2015. 8. 31.)

블루베리를 낚으며

　7년 전 충남 금산에서 블루베리 12그루를 사다 텃밭에 심었다. 몇 해 전부터 열매를 매달기 시작하더니 작년과 올해는 제법 많이 열렸다. 얼마 전, 허리가 좋지 않으신 어머니께서 블루베리를 따시고 나서 많이 힘들어하셨다. 블루베리가 눈에 좋다는 것을 익히 아신 어머니께서 내 도시락을 싸실 때 함께 넣어 주시려고 아픈 허리를 아랑곳하지 않으신 것이다. 장맛비가 내리고 태풍이 북상하고 있다는 말을 듣고 어제 아침 블루베리를 땄다. 노지에서 기르기 때문에, 비에 맞으면 열매가 무르게 되어 먹기 좋은 때를 놓칠뿐더러, 어머니 수고를 덜어드리기 위한 심산이었다. 송이송이 열린 블루베리를 익은 것만 골라 따는 일이 생각보다 힘들었다. 허리가 아플 뿐만 아니라 눈까지 아습해지는 것 같았다.

  수확 배후에는 늘 노동의 고통이 따른다. 어렸을 때 농촌에서 쌀농사를 지은 부모님을 보았기 때문에 쌀 한 톨에 담긴 수많은 땀을 늘 잊지 않고 산다. 볍씨를 하룻밤 정도 소독물에 담갔다 잘 말린 후 모판에 뿌려 모가 어느 정도 자라면 모내기를 하였다. 날이 가물면 호롱불을 들고 밤새 논에 물을 댄 후 소가 있는 집에 부탁하여 쟁기질과 써레질을 하였다. 모내기는 대부분 품앗이로 했기 때문에 마을 사람이 서로 돌아가면서 했다. 이날은 가마솥에 모처럼 쌀밥을 하여 마을 어르신들께 먼저 배식한 후 들판으로 밥을 날랐다. 우리는 학교가 끝나면 어머니가 일하시는 집 들판으로 모 밥을 먹으러 싸돌았다. 모 밥은 모내기하는 집에서 일하는 사람에게 주는 쌀밥을 말한다.

  어렵사리 벼를 수확하면 마당이나 길가에 말렸다. 벼를 잘 말려야 추곡수매를 할 때 좋은 등급을 받을 수 있기 때문이다. 추곡수매를 하여 받은 돈으로 농협 빚을 갚고 학교에 내야 할 돈을 해결할 수 있었다. 가끔 쌀을 씻어 밥을 지을 때마다 쌀에 담긴 추억을 되살린다. 그래서 개수대에 쌀 한 톨이라도 흘리지 않게 조심하고 밥알 한 알도 소중하게 여기는 버릇이 생겼다. 블루베리도 마찬가지다. 블루베리를 직접 따보지 않고 그저 먹기만 할 때는 눈에 좋고 건강식이라는 것 외에는 수고에 대해 생각할 겨를이 없었다.

한 시간 반 정도 앉다 서다를 반복하면서 블루베리를 따자 허리가 아프기 시작했다. 가지가 연약한 곳이 많아 잘못하면 가지가 부러지고 익은 것과 익지 않은 것이 함께 붙어 있어 집중해서 작업을 해야 한다. 단순한 일이지만 집중하지 않으면 익지 않은 것을 통째 희생시키고 한꺼번에 따려고 욕심을 부리면 오히려 일이 더디었다. 블루베리 값이 다른 과일에 비해 상대적으로 높은 것을 이해할 수 있었다. 그리고 블루베리를 따면서 허리에 전해오는 아픔을 나름대로 즐기고 싶었다. 그래서 생각해낸 것이「블루베리를 낚으며」라는 시상이다. 블루베리를 낚을 때 미끼는 엄지와 검지 사이에 있는 찰나이다. 그리고 잘 집중하여 입질을 가늠해내야 한 마리도 놓치지 않고 산 채 잡을 수 있다.

　대부분 낚시꾼은 대어만 선호한다. 그러나 삶을 낚시하는 우리에게 잔챙이와 대어를 구별하는 것은 무의미한 일 같다. 작은 것은 작은 것 나름대로 존재하는 의미가 있고 큰 것은 큰 것 나름대로 살아야 할 이유가 있다. 정원에 있는 꽃도 색깔과 모양이 서로 다 다르다. 크고 작은 꽃과 모양이 다른 꽃이 서로 어우러져 피어 있을 때 더 아름다운 법이다. 이 세상에 존재하는 뭇 생명도 마찬가지다. 우리 인간이 다 같은 모습, 같은 형태를 띠고 있다면 인간 세상은 얼마나 끔찍하겠는가. 우리가 먹는 과일 역시 다양한 형태, 다양한 색깔로 존재한다. 그래서 각자가 존재하는 곳에서 필요한 영양과 즐거움을 주고 있다. 우리 역시 잘 익은 블루베리처럼 비록 다른 과일에 비해 크기는 작지만 튼실하게 잘 익으면 대어와 같은 존재이다.

텃밭 한 켠/ 팔뚝만 한 낚싯대 던졌다/ 여름 해에 매달린 찌/ 허공에 흔덕댈 때마다/ 낚시에 걸려 온 등푸른생선/ 잠시 파닥거리다/ 이내 길게 침묵하였다/ 이 녀석 미끼는/ 엄지와 검지에 낀 찰나/ 못같이 뾰쪽한 집중으로/ 입질 잘 가늠해야/ 한 마리도 떨구지 않는다/ 블루베리 낚시를 하며/ 잔챙이와 대어 편 나눔은/ 삶을 낚시하는 우리들의 편견이라는/ 한 움큼 움켜쥐었다
― 졸시 「블루베리를 낚으며」

(2015. 7. 6.)

단비

참으로 오랜만에 비가 내린다. 집을 지을 때 미리 농업용 관정을 판 덕에 자동 물뿌리개(스프링클러)를 돌려 텃밭이나 잔디밭, 나무에 기갈을 면할 정도로 물을 줄 수 있었다. 극심한 가뭄에 아무리 내 것이라 하지만 날마다 우리만 사용할 수 없어 이웃에게 돌아가면서 물을 제공했기 때문이다. 정원에 금잔디를 심어 다른 잔디에 비해 가뭄을 쉽게 타 자주 물을 줘야 하지만, 사람 입에 들어가야 할 밭작물이 우선이라는 게 부모님 생각이다. 그래서 이웃 밭에 물을 빌려 주고 난 다음에 우리 정원에 물을 줘 비가 오기 전까지 정원 태깔이 영 말이 아니었다.

패랭이잔디 꽃은 꽃을 계속 피우지 않고 열매를 서둘러 맺어 버렸고 백철(흰 철쭉) 몇 그루는 말라 죽기까지 하였다. 제법 열매가 풍성하게 달린 살구는 익기도 전에 반쪽으로 갈라져 익어도 먹기 어려울 정도가 되었다. 텃밭 상추는 상추가 지닌 고유한 식감을 잃고 흐지부지해졌다. 예년 같으면 꽃을 매달고 있을 늦철쭉이 일찌감치 꽃을 내려놓고 생존을 위해 몸부림을 하고 있다. 울타리에 심은 낙상홍을 벌떼가 간혹 찾았지만 이미 시들어버린 꽃을 보고 그들 발길이 끊어진 지 오래이다. 이런 무지막지한 가뭄 속에서 쇠비름을 비롯한 잡초는 생명력을 더해 혈기가 왕성하다.

몇 년 전부터 기른 분재 화분에 물주는 것도 일이다. 요즘 같은 더위에는 하루에 두 번 정도 물을 줘야 죽지 않고 살 수 있다. 해 뜨기 전에 한 번 주고 오후 서너 시 정도에 한 번 줘야 분목이 건강하고 수형을 잘 유지할 수 있다. 오늘처럼 비가 내리는 날은 물주는 일을 면제받을 수 있어 마음이 한결 가볍다. 그러나 물주는 일이 없어졌다하더라도 화분이 배수가 잘 되는지 눈여겨봐야 한다. 배수 상태를 살피려고 비옷을 입고 화분을 점검하고 있을 때, 한 무리 새 떼가 전깃줄에 앉아 빗방울을 좇고 있었다. 질서정연한 그 풍경을 놓칠 수 없어 스마트 폰을 꺼내 사진을 찍으려는 순간, 한 마리만 남고 다 솔숲으로 날아가 버렸다. 오랜만에 빗소리 풍성한 숲에서 새 소리가 쉬는 시간에 떠드는 어린이들처럼 소란스럽게 들렸다.

길고 긴 가뭄 틈새로/ 소낙비 반가이 내리자/ 전깃줄에 일렬로 모인 새/ 손금 거리에 살갑게 앉아/ 오순도순 빗방울 좇는다/ 사진 찍으려 한 발 내밀자/ 양치한 새만 남아 김치하고/ 나머진 뒷산으로 날아가/ 빨갛게 단 얼굴 식히느라/ 쉬는 시간보다 소란스럽다.

— 졸시 「비」

비가 내리자 기다렸다는 듯이 개구리가 소리 내어 독서에 열중이다. 얼핏 들으면 "비가 와서 기분 좋다"라고 읊조리는 것 같고, "다들 모여 공부하자"라고 독려하는 것 같다. 그들이 주고받는 문장을 숙독할 수 없지만 오랜 가뭄 끝에 내리는 비는 모든 생명체에게 축복임이 분명하다. 서재 옆에 있는 개울은 물길이 끊어진 지 오래되어 풀밭이 되었다. 큰비가 내려 큰물이 한 번 지나가야 풀을 소거하고 제모습을 찾을 성싶다. 모처럼 비가 내리자 누구보다 좋아한 사람은 어머니시다. 행여 고추와 참깨 농사가 망조 날까봐 마음 졸이셨기 때문이다.

오늘 내린 비로 인해 가뭄을 조금 면했다. 텃밭에서 자라는 여러 작물만 해갈된 것이 아니라 어머니도 근심과 걱정을 겨우 면하셔서 마음이 해갈되신 것 같다. 세상은 비가 내리지 않아 가뭄이 찾아오는 것만은 아니다. 사랑의 가뭄, 배려의 가뭄, 인정의 가뭄, 용서의 가뭄, 화애의 가뭄, 통합의 가뭄에 이르기까지 다양한 가뭄과 결핍이 상존하고 있다. 이러한 시대에 우리가 단비 같은 존재가 되어 목말라하는 이를 흥건하게 적셔주었으면 좋겠다.

스프링클러

올여름처럼 비가 귀했던 때가 없었다. 텃밭에 심은 밭작물 대부분이 생육이 더디거나 말라 죽는 바람에 그 흔한 상추 한 번 맘껏 먹지 못했다. 가뭄은 여름으로 끝나지 않고 가을까지 이어져 마을에 있는 소류지가 거의 배꼽까지 드러났다. 이런 와중에 집을 지을 때 지하수를 파 놓은 덕에 텃밭이나 정원, 잔디밭에 스프링클러를 돌려 갈증 정도를 풀어 주었다. 가뭄에는 물 인심도 박해진다지만, 밭농사를 짓는 이웃 사람들에게 우리 집 지하수와 스프링클러를 돌아가면서 빌려주었다. 하도 많은 사람들이 쓴 바람에 스프링클러 헤드 하나가 나가버렸다.

  얼마 전 학교운동장에 천연 잔디 심은 공사를 마무리했다. 수억에 이르는 공사비를 동문이 직접 시공하여 학교에 헌물하는 형식으로 한 것이다. 애교심이 존경스럽다. 잔디를 심고 나서 비가 내리지 않자 매일 스프링클러를 돌렸다. 원을 그리면서 떨어지는 낙숫물이 심은 지 얼마 안 된 잔디에 내려앉자 봄을 만난 듯 푸르다. 강의를 마치고 강의실에서 멈추지 않고 끈질기게 돌아가며 잔디에 물을 뿌리는 스프링클러를 바라보니 문득 내 자신이 스프링클러 같았다.

교통사고를 당한 지 2주째가 되었는데도 몸이 온전하지 못하다. 마음 같아서는 이것저것 다 기억에서 지워버리고 입원이라고 하고 싶다. 지나온 시간을 되돌아보니 단 하루를 제대로 쉰 적이 없었다. 이참에 사고를 핑계로 몸도 치료하고 지친 심신을 놓아주려 했지만 걸리는 게 너무 많았다. 강의하는 과목이 교양과목이라 휴강을 하면 학생들과 보강 날짜를 잡는 것이 힘들어 강의에 차질이 생길 수밖에 없다.

집안일도 마찬가지다. 하나에서 열까지 내 손을 거쳐야 한다. 사고를 당할 때부터 운전하는 것이 가장 힘이 들었다. 의사는 지금도 운전하는 것이 허리에 가장 좋지 않다고 충고한다. 그러나 종합병동이신 어머니를 병원에 모시고 다니는 것을 그만둘 수 없는데다, 큰아들까지 허리를 다쳐 운전할 일이 더 늘었다. 상황이 이렇게 되자 여러 사람이 운전을 해주겠다고 했지만 마음만 받았다. 집이 시내에 있는 것이 아니라 시골에 있고, 어머니는 병원 가시는 것을 미룰지언정 다른 사람까지 끌어

들여 번거롭게 하는 것을 마다하시기 때문이다.

  스프링클러는 작물이 말라죽지 않게 물을 공급하는 일을 한다. 똑같은 방향으로 일관되게 회전하는 지루함을 마다하지 않고 작물이 건강하게 자랄 수 있게 묵묵히 돌고 돈다. 지금까지 내 삶도 이 스프링클러처럼 돌고 돌았다. 온전하지 못한 훈용이는 막 심은 작물 같아서 한 시도 쉬지 않고 물을 줘야 한다. 이런 훈용이가 태어나면서 잠시도 쉬지 않고 회전하면서 물을 뿌리는 스프링클러가 되어야 했다. 그래서 아플 겨를이 없었을 뿐만 아니라 아플 이유가 생기면 안 되었다.

  고덕산 산 그림자가 저녁을 서서히 부르고 전주 남원 간 국도는 전조등과 미등을 시큰둥하게 켠 차량이 누 떼처럼 이동하고 있다. 스프링클러는 여전히 멈출 줄 모르고 아직 뿌리를 내리지 않은 잔디에 물을 뿌리고 있다. 물이 낙하하여 축축해진 곳과 그렇지 못한 곳의 경계를 눈여겨보다가 강의실을 나왔다. 이 때 아침 출근길에 집사람이 스마트 폰에 메모해 둔 것이 떠올랐다. "훈용이 우유 저지방으로, 계란 한 판, 카레 순한 맛, 잊지 말아요." 그래. 난 돌아야 한다. 스프링클러처럼 돌면서 물을 뿌리는 일을 멈추면 안 된다. 닳아지고 어지러울지라도 낡고 지겨워도 즐겁고 행복하게 돌고 돌아야 한다.

(2015. 9. 15.)

쉰여섯 생일 아침에

 서재와 맞붙은 주방에 미역국 냄새가 왁자지껄하다. 여든을 코앞에 둔 어머니께서 아들 생일이라고 미역국을 끓이시는 모양이다. 어머니와 함께 살기 전에는 생일날 아침에 전화를 하셔서 미역국이라도 먹었느냐며 내 생일을 꼬박꼬박 챙기셨다. 복합중증장애를 가진 훈용이 때문에 하루 세 끼 밥 챙겨 먹는 것이 빠듯한 집사람 형편을 알고 계시기 때문이다. 그러나 어머니와 함께 살면서 어머니께서 끓여주시는 미역국을 한 해도 거르지 않고 찾아먹는 호사를 누리고 있다. 여덟 해째다.
 오랫동안 어머니 손맛에 길들여진 터라 나물을 하나 먹어도 어머니께서 무치신 것을 먹어야 혀가 달다. 고향 순천에 사는 큰여동생에게 특별히 부탁하여 보내온 싱싱한 굴을 넣고 끓이신 미역국이 시원스럽다. 뜨거운 국을 먹으면서 맛있다는 말 대신 시원하다는 말이 절로 나왔다. '시원하다'는 말이 가진 사전적 의미는 음식이 담백하고 산뜻하거나 속이 후련하도록 뜨겁고 얼큰하다는 것이다. 이 어휘가 주는 어감을 미역국을 먹으면서 긴밀하게 체득하고 있다.

 미역국을 먹고 서재 창가에 앉아 창밖을 내다보았다. 눈부신 아침 햇살이 산허리 군데군데 남은 잔설을 밟고 산마루에 걸쳐 있다. 내 쉰여섯 삶도 저리 하얗게 눈부신 날이 있었을까. 그동안 한 해 한 해 나이만 날름날름 먹었지 빈 곳간에 난 구멍을 들락날락하는 것처럼 허허했다. 그런데 지금은 장독에 땡감을 우려내듯 내 삶의 떫음을 어쭙잖은 글로 우려내면서 이제 밥값을 좀 하며 사는 것 같다. 비록 변방에서 글쟁이 흉내를 내고 있지만, 잠자는 시간을 제쳐두고는 머릿속으로 통째 글 쓸 궁리만 한다.

 지난 한 해는 내 삶에서 특별한 시간이었다. 17년째 강의하던 대학에 몸담고 글 쓰는 일에 집중할 수 있었기 때문이다. 초등학교 3학년 때부터 꿈꾼 글 쓰는 일이 세상에서 가장 즐거웠다. 몸이 아프다가도 글을 쓰고 나면 나았다. 돈 안 되는 일에 목숨을 건 내 모습을 보고 내색은 하지 않지만 식구들은 남편이나 아들을 글에게 빼앗긴 기분일 것이다.

밥 안 되는 화분 단속하는 내게/ 비 맞지 않게 배추 먼저 들여라/ 이렇게 한 소리 하시는 것 같아/ 화분 실은 외발 리어카 바퀴/ 자꾸만 헛돌고 자빠지려 한다/ 평생 밥과 먼 삶 살 것 같은/ 아들, 짠하고 안쓰러우신 게다.

― 졸시 「밥과 먼 삶」 일부

한 해 동안 겁 없이 쓴 시 가운데 170여 편을 모아 『잠의 뿌리』와, 수필 80여 편을 모아 『이 눈과 이 다리, 이제 제 것이 아닙니다』로 발간했다. 좀 많은 분량이었지만 남겨두면 글 쓰는 일에 나태를 부릴 것 같아 에둘러 실었다. 나는 아직 풋시인이다. 늦바람이 무섭다는데 난 늦은 나이에 감히 글과 늦바람이 났다. 이 바람이 내게서 멈추지 않기를 바란다. 철들지 않고 이 바람에 몸을 맡기기로 했다.

창밖에 한 무리 새 떼가 지나고 있다. 그들은 아무 곳이나 날지 않고 공중에 난 길을 찾아 걸었다. 눈여겨보니 아무렇게나 걷는 게 아니라 앞선 새가 남긴 울음을 발자국 삼아 일사분란하게 날았다. 그들은 이내 서재 옆 감나무에 내려앉았다. 아무 곳이나 앉지 않고 바른 가지만 골라 힘을 빼고 앉았다. 쉰여섯 생일 아침에 어머니께서 끓여주신 미역국을 먹고 우연히 새 떼의 비행과 착지를 보았다. 그들은 쉰여섯 먹은 내게 남은 생을 어떻게 살아야 하는지에 대해 몸으로 가르쳐주었다.

(2015. 3. 7.)

선생님, 나이가 이제

작년에 건장검진을 받아야 했는데 이런 핑계 저런 핑계를 대다 한 해를 넘기고 말았다. 올해도 여름방학 때 하지 않으면 연말에 허둥댈 것 같아 개학을 며칠 앞두고 병원에 들렀다. 30대 후반부터 혈압강하제를 먹은 데다 요즘 어지러움 증이 심해 은근히 걱정을 많이 했다. 심전도 검사, 복부 초음파. 경동맥 초음파를 마치고 수면상태에서 위내시경 검사를 받았다. 복부초음파 검사를 하시던 영상학과 선생님이 지난 번 간에 박혀 있던 돌(물혹)이 사라지고 안 보인다고 했다.

경동맥 초음파 결과 고혈압을 앓고 있는 상태에서 내 나이를 감안하면 아주 깨끗하다며, 지금까지 혈압약과 함께 복용했던 아스피린을 먹지 않아도 된다고 했다. 위 내시경 검사 결과 위염이 심해 조직검사를 했다. 2주 동안 먹을 약을 처방 받고 머리가 맑아지기를 기다렸다. 최근 병원에 들를 때마다 의사 선생님이 하는 말이 한결같다. "선생님, 나이가 이제…."란 말이다. 이순을 코앞에 두고 한 해가 마치 하루처럼 지나가는 것을 느낀다. 글 쓰는 데 늦바람이 나서 글감을 붙잡고 몸부림치다 보면 아침이 눈 깜짝할 틈에 석양이 되고 만다.

"선생님, 나이가 이제…."란 말이 귓갓길에도 지워지지 않고 끈질기게 따라붙었다. 뒤돌아보니 정말 분주하게 달려왔다. 위 영상 사진을 본 의사 선생님이 그동안 속이 쓰리거나 트림이 나지 않았냐고 물었을 때 그것을 느낄 겨를이 없었다고 했다. 이 말을 들은 의사 선생님이 분명히 불편했을 것이라며 "선생님, 나이가 이제"란 말로 날 책망했다. 곰곰이 생각해보니 최근 속이 더부룩하고 쓰렸던 적이 많았다. 어떤 날은 시간에 쫓겨 밥을 물 마시듯이 먹은 날도 있었고 밥때를 놓쳐 과식을 일삼기도 했다.

올여름에도 역시 물가 한번 가지 못했다. 컴퓨터 앞에 죽치고 앉아 글 나부랭이를 쓴다고 거의 날마다 목에 통증을 거느리고 살았다. 방학특강 수업을 한다고 매주 화요일 학교에 나가고, 수요일은 학생들이 쓴 리포트 첨삭하느라 연구실에서 하루를 보냈다. 격주 금요일은 문학 동아리 학생들과 함께 글공부를 했다. 이런 시간이 내겐 피서이자 여행이었다. 집사람은 일 년 열두 달 집에만 있는 훈용이를 위해 바깥바람이라도 한 번 쐬고 물가라도 하루 다녀왔으면 하는 눈치였다. 이기적인 생각일지 모르지만 나이를 먹으면서 운전하는 것이 부담스럽고 무더운 날 사람들 속에 휩쓸리는 것 자체가 싫어 들어주지 못했다.

 난 참 문제아빠이다. 학생들을 위해 시간 내는 데는 너그러운데 눈먼 아들에게는 인색했으니 말이다. 개학 전 주 목요일 서울 삼성병원에 훈용이 예약한 날이다. 훈용이에 대한 미안함을 조금이라도 털어내려고 이 날 병원 다녀오는 길에 서해 바닷가라도 한 번 다녀오려고 했다. 그런데 교수회의가 있어서 예약을 연기했다. 이래저래 아빠 노릇 한 번 제대로 하지 못하고 여름방학을 홀랑 보내버리고 말았다. 이순이 가까워지는 만큼 천지만물이 지닌 이치에 통달하고 듣는 대로 모두 이해해야 하는데, 만물의 이치는 고사하고 자식 하나 건사하지 못한 못난 애비이다.

 "선생님, 나이가 이제"란 말은 나이가 먹어 신체기능이나 면역이 떨어지고 노화가 급속하게 진행 되고 있다는 말이다. 그래서 일에 파묻혀 살면서 몸을 너무 방치하지 말라는 것이다. 그동안 몸만 돌보지 않은 게 아니라 가족까지 돌보지 못했다. 글을 한 줄이라도 쓰지 못한 날은 밥값을 하지 못한 것처럼 괴로웠다. 원래 약골에다 모아 둔 재산도 별로여서 나 같은 사람은 몸이 유일한 밑천이라며 날마다 운동을 한답시고 한 시간씩 걸었다. 이렇게 내 일에는 열정을 쏟아 탈진지경까지 이르면서도 가장이나 애비 역할은 직무를 유기했다.

"선생님, 나이가 이제"란 말이 이제 몸도 몸이려니와 가족을 위해서도 시간을 투자하라는 충고를 들렸다. 상근예비역으로 군복무를 하고 있는 큰 아들 얼굴을 주말이나 주일에 제대로 본다. 글을 쓰다보면 늦게 귀가하는 날이 많다. 큰 아들은 군부대로 새벽 일찍 출근하여 서로 얼굴을 보지 못한다. 어느 날 큰 아들이 전화로 내 얼굴을 잊었다며 '부자정상회담'을 제의해왔다. 그 날 만사를 제쳐두고 일찍 귀가했다. 아들은 부대에서 예초를 하여 팔이 아프다고 하면서도 내 어깨를 주물러주었다. 목소리를 듣고 모처럼 내가 일찍 귀가한 것을 눈치 챈 훈용이는 저만의 노래를 흥얼거리며 좋아했다. 게다가 부모님께서도 얼굴이 환해지셨다.

내 나이는 이제 건강에 특히 유의해야 할 때다. 육신의 건강 못지않게 천지만물이 돌아가는 이치를 깨닫는 통찰력을 가져야 할 때이기도 하다. 그리고 귀와 마음을 모나지 않고 순하게 다스려야 할 때이다. 사람들이 하는 이야기 하나하나를 귀에 담고 마음 아파하기도 하고 바람처럼 흔들리는 순간이 많았다. 때로는 분을 품기도 하고 미움의 돌탑을 쌓기도 했다. 상대는 지나가듯이 가볍게 한 말을 그냥 흘러 보내지 않고 가둬두면서 괴로워한 적도 있었다. 맹목적인 정의감에 사로잡혀 언어를 절제하지 못해 상대를 아프게 한 때가 있었다. 부모님이나 가족이 하는 말을 잘 경청하지 않았다. 내 나이가 이제 이러한 잘못과 모순을 줄여야 할 때다. 내 나이답게 처신하여 나이 값을 해야 할 때다.

(2015. 8. 19.)

제3부

지갑대와 들꽃

가족을 지키고 싶다

한글날이라서 쉬는 날이지만 한 주 동안 학생들이 낸 리포트를 첨삭하려고 학교로 갔다. '안도현'이 쓴 『연어』를 읽고 연어 떼가 맞이한 폭포를 자기 삶에 적용하여 써 오라는 리포트도 들어 있다. 이 리포트를 첨삭하다 보면 날 울보로 만드는 글이 많이 있다. 재영이는 지난 학기 인문고전 수업시간에 잘 참석하여 강의를 들었다. 그러나 매 주 책을 읽고 글을 쓰는 것이 힘들었던지, 리포트를 한 번도 내지 않아 F학점을 맞아 이번 학기에 재수강을 하였다.

훤칠한 키에 곱상하게 생긴 재영이는 외모와 달리 늘 힘이 없어 유약하게 보였다. 말수가 없고 다른 학생들과 잘 어울리지 않아 성격이 내성적이려니 하고 생각했다. 그가 지난 학기 때 딱 한 번 결석한 일이 있었다. 이때 재영이 어머니라고 하시면서 전화가 왔다. 재영이가 워낙 내성적이라 말을 하지 않았을 것이라며 항암치료를 받느라 결석했다고 했다. 아픈 자식을 둔 부모 마음을 누구보다 잘 알고 있어 미주알고주알 묻지 않았다.

　재영이가 지난 목요일 오전 연구실에 들렀다. 오후에 병원 예약 관계로 수업에 참석할 수 없어 리포트를 미리 내려고 들렀다 했다. 어머니한테 들은 것이 있었지만 모른 체하고 잘 다녀오라고 했다. 그리고 재영이가 쓴 「내 인생의 폭포」란 글을 읽으면서 그를 만났다. 재영이가 겪은 첫 번째 폭포는 중학교 2학년 때 아버지가 사업에 실패하고 부모가 이혼한 것이다. 집이 경매로 넘어가고 네 식구가 원룸에서 두더지같이 살았다. 어머니가 새벽 일찍 일을 나가면 재영이가 어머니를 대신해 동생들을 씻기고 밥을 챙겨 먹였다. 네 살 된 막내를 유치원에 데려다주고 나면 너무 지쳐 학교에 가는 것이 힘이 들었다.

　학교에 겨우 도착하면 수업시간에 집중할 수 없어 엎드려 잠을 자다 선생님한테 늘 혼이 났다. 집안 상황을 선생님이나 친구들에게 말하는 것이 부끄러워 마음속에 담고 살았다. 고등학교 2학년 때 중학교 3학년인 여동생이 자살을 시도하여 응급실로 옮겨 살렸다. 이 일이 일어난 후 어머니는 심한 우울증을 앓아 혹 어머니와 동생을 잃고 이 세상에 혼자 남을까 봐 무서웠다. 그리고 자신만 힘든 것이 아니라 온 가족이 다 힘들어 한다는 것을 깨닫고 가족을 지켜야겠다고 다짐했다.

그리고 학교가 끝나고 나면 밤 12시까지 아르바이트를 하면서 돈을 모았다. 이 돈을 어머니 빚을 갚는 데 썼다. 지치고 힘들었지만 자기 몸보다 가족들이 더 소중하다고 여겨 힘든 내색을 한번도 하지 않았다. 어머니는 지금 우울증이 나아 사회생활을 잘하고 있고, 자살을 시도했던 여동생은 오빠가 생명의 은인이라며 늘 고마워한다. 막내 여동생은 너무 어려서 가난했던 것을 기억하지 못해 다행이다. 지금은 그 많던 빚을 다 갚고 오래된 아파트지만 네 식구가 각방을 쓴다. 올해는 차까지 구입해 온 가족이 가끔 드라이브를 한다. 지난 6년 동안 이를 악물고 온 가족이 버텨온 결과이다.

한참 눈물을 흘리고 나서 커피를 한 잔 마시고 재영이에게 전화를 했다. 절대 내색하지 않겠다는 의지와 달리 재영이 목소리를 듣는 순간 내 목소리가 떨렸다. 리포트를 읽고 전화를 했다고 하자, 감사하다고 했다. 재영이는 2년 전 군 생활을 하면서 고환암에 걸려 수술과 항암치료를 각각 두 번씩 했다. 이것이 그가 만난 두 번째 폭포이다. 완치된 것으로 알고 있었는데 뇌로 전이된 것 같다는 소견이 나와 지난 목요일 대학병원에서 MRI를 찍었다. 다음 주에 나올 결과를 기다리는 재영이가 너무 어른스러웠다.

리포트를 써야 하기 때문에 어쩔 수 없이 내색했지만 속이 시원하다고 했다. 그러면서 그동안 속으로 삭이고만 살았기 때문에 병이 생긴 것 같다며 웃었다. 그리고 학교에 와서 많은 사람이 저마다 많은 아픔을 안고 살아가고 있는 것을 보고 자기 아픔은 아픔도 아니라고 했다. 모나고 험한 아픔들이 그를 둥글고 강하게 만들었을까. 어린 나이에 가족을 지켜야겠다는 뾰족한 생각이나, 암 투병을 하면서도 다른 사람이 가진 아픔을 더 염려하는 넓고 깊은 마음이 날 울게 하고 말았다.

"고생 많이 했다. 우리 열심히 살자." 재영이에게 해 줄 수 있는 말이 고작 이것뿐이었다. 창이 소리를 낼 정도로 부는 바람 앞에서 가을이 무르익고 있다. 이 가을날 좋은 사우師友를 한 사람 또 만났다.

(2015. 10. 9.)

거울 같은 편지

오늘 모처럼 학교 우편함에 들렀다. 대부분 우편물은 집으로 오고 학교에서 보낸 공문은 학교 홈페이지에서 받아보기 때문에 학교 우편함을 찾는 일이 별로 없다. 식당에서 점심을 먹고 혹시나 하고 모처럼 우편함에 들렀더니 편지 한 통이 날 기다리고 있었다. 봉투에 종이 카네이션을 붙인 편지는 올해 사회복지학부를 졸업한 명희가 쓴 것이었다.

명희는 열심을 넘어 치열하게 공부한 학생이다. 글쓰기 수업을 수강하는 데 그치지 않고 청강하고 방학 때는 특강까지 들으며 늘 최선을 다했다. 학보사 기자로 활동하고 학교에서 아르바이트를 하면서 매사에 늘 성실하였다. 우리나라에서 권위 있는 한국지도자육성장학재단에서 장학금을 받기도 했다. 지금은 전

주에 있는 모 노인복지관에서 사회복지사로 근무하고 있다.

명희 편지를 읽고 나니 반갑고 제 갈 길을 제대로 가고 있어 흐뭇했다. 그러나 잠시 후 내 자신이 부끄러웠다. 실상은 명희가 생각하는 그런 선생이 아니기 때문이다. 고백하지만 난 선생으로서 부족한 것이 너무 많다. 지식이 빈곤함은 물론이고 가르치려는 열정도 나이를 먹으면서 점점 시들해가고 있다. 스스로에게 더 무서운 것은 시간이 흐르면서 학생에 대한 애정이 점점 무디어간다는 것이다.

보고 싶은 최재선 선생님께

보고 싶은 선생님. 최재선이라는 이름만 떠올려도 제 마음을 뭉클거리게 만드는 선생님. 오늘도 안녕하신가요?
1분도 쪼개서 쉴 틈이 없을 정도로 치열하게 사시던 선생님 모습이 문득 떠오르네요. 요즘은 어떻게 시간을 보내신가요? 어떻게 보내시든지 어제보다 오늘 더 편안하고 살맛나게 사셨으면 좋겠어요. 틈틈이 올라오는 선생님 시와 사진을 볼 때면 선생님 마음속에 '여유'가 한 자리 차지하고 있는 것 같아 참 좋아요.
늘 정직하고 진실되게 말씀하시고 열정적으로 가르치던 선생님, 몇 마디 말에도 진심이 꽉 차서 듣는 이에게 감동을 주시는 선생님. 선생님은 제가 이렇게 기억하는 분이에요. 특별히 함께한 시간이 많지 않았어도 정이 가고 마음이 가요. 선생님께서 먼저 정성으로 대해 주신 덕분이겠지요. 선생님께서 가르쳐주신 것을 잊지 않기 위해 글을 쓸 때마다 잠시라도 생각하며 글을 쓰게 되요. 이젠 습관이 되었어요. '의'자 표현, '피동문'과 같은 것들 말이에요. 그렇다고 글을 잘 쓰지 못하지만 자연스럽고 좋은 문장을 쓰려고 노력한답니다. 선생님께서 가르쳐 주신 것이 저에게 좋은 자양분이 되었어요. 글 쓰는 법이나 살아가는 방법에 대해서도요.

　고마워서 보고 싶고 따뜻해서 그리운 선생님. 그 자리에 계셔서 참 감사합니다. 한일에 있는 귀여운 후배에게도 그 열정과 사랑 감히 부탁드립니다. 선생님을 언제 한번 학교로 찾아뵙고 싶어요. 나누고 싶은 이야기가 참 많아요. 반갑게 뵐 날을 기약하며⋯⋯.
　　　　　　　　　　　　　　　　　　　　2015. 5. 25.
　　　　　　　　　　　　　　　　　　　　　명희 올림

　공자는 배우는 것을 싫어하지 않고 가르치는 것을 게을리 하지 않겠다고 했다. 우리 대학은 만학도가 많아서 신앙적으로나 인간적으로 훌륭한 학생이 많이 있다. 내가 가르치는 것은 글쓰기와 관련된 얄팍하고 어쭙잖은 것이지만, 여러 학생한테 신앙과 삶에 대해 배운다. 명희가 보내준 편지를 읽고 나서 가르치는 선생으로서 내 자신을 깊숙이 들여다보았다. 이번 학기 인문고전 강의를 하고 나서 속상한 일이 있었다. 매주 학생들이 낸 리포트를 첨삭하면서 열정을 쏟았는데 강의평가 결과를 보니 원성이 꽤 많았다. 리포트가 너무 많아 힘들었고 책 사는데 돈이 많이 들었다는 것이다.

　서운함 때문에 다음 학기부터는 대충대충할까 고민했다. 그러나 명희가 귀여운 후배에게도 열정과 사랑을 부탁한다는 것을 보고 다시 마음을 고쳐먹었다. 학생들이 매주 리포트 쓰는 것을 힘들어 하고 책값이 많이 드는 것을 불만스럽게 여겨도 내 방식을 고수하기로 했다. 지금 언어활동 능력을 키우고 책을 사는데 투자하지 않으면 세상에 나가 닥치는 문제를 해결할 수 없기 때문이다. 나 역시 배우는 것을 싫어하지 않고 가르치는 것을 게을리하지 않으리라.

(2015. 5. 26.)

글쓰기 특강 수업

여름방학 특강수업이 이제 한 주 남았다. 수업 초기에는 꽤 많이 수강신청을 했다가 시간이 지날수록 중도에 포기하는 사람이 많이 나왔다. 이유도 많고 핑계도 부지기수다. 여섯 해 동안 그래왔기 때문에 수강신청을 받을 때 서약서를 쓰게 하고 미리 빠지지 말고 끝까지 나오라고 호소도 했지만 달라진 게 없었다. 학점과 관련된 것도 아니고 강제성을 띠지 않아서 그런 것 같다. 주위에서는 수강료를 받지 않으니까 무책임해진 것이라며 수강료를 받으라고 하였다. 애초부터 봉사하겠다는 마음을 가지고 시작한 것이라 이 말을 무시했지만, 때로는 내 손에 넣지 않고 공적으로 쓰면 되겠다는 생각도 했다. 출석률을 높이기 위한 방안이 된다면 다음에는 고려해봐야겠다.

이번 여름방학 특강에 수강신청을 한 사람이 50명이었다. 신청만 하고 나오지 않은 사람도 있고 한두 번 나오다 그만둔 사람도 있다. 강의실에서 학생들에게 말한 내용이지만 시간강사를 하던 때 글쓰기 특강수업을 시작한 배경이 있다. 우리 대학 출신은 몸으로 신학이나 사회복지를 하고 타 대학 출신은 머리로 한다는 말을 듣고 이런 말이 나온 이유를 캤다. 알고 보니 우리 대학 출신 대부분이 글쓰기 능력이 떨어져 현장에서 업무를 수행하는 능력이 떨어진다는 것이었다. 이 말을 듣고 비록 매 학기 글쓰기와 관련한 과목을 3시간 강의하는 시간강사 신분이었지만 방학 때 글쓰기 특강수업을 시작했다.

  이때 현직에 있는 선배 한 분이 뜻은 좋지만 조심하라고 하셨다. 정 교수도 하지 않고 조용히 있는데 아무 연고도 없는 학교에 출강하는 시간강사가 특강하는 것을 부정적인 시각으로 볼 수 있다는 것이다. 노골적으로 "겉으로 수고한다고 하지만 속으로는 설친다."고 흉을 본다고 했다. 이 말을 듣자 더 오기가 생겼다. 그렇게 생각할 사람이 전혀 없을 것이라는 믿음도 한 몫 했다. 학생들이 저평가를 받고 있는 마당에 설령 그렇게 생각하는 사람이 있다할지라도 수수방관하며 바라보고만 있을 수 없었다. 이런 의지와 달리 처음에는 드러내 놓고 특강수업을 한다고 떠들 수 없어 이런저런 눈치를 보았다.

  방학 때마다 특강수업을 진행하면서 힘든 일보다 보람 있는 일이 더 많았다. 집이 부산이나 서울인데도 전날 학교 근처에서 잠을 자고, 다음 날 강의가 끝나면 다시 서울이나 부산 집으로 가는 학생도 있었다. 대학원을 졸업한 졸업생은 특강수업을 몇 해 동안 빠지지 않고 참석하여 글쓰기에 대한 자신감을 가지고 열심히 사역하고 있다. 한국지도자육성 장학재단 장학금을 세 학생이 한꺼번에 받은 적이 있다. 이 학생들 역시 특강수업을 성실하게 수강했다. 면접 볼 때 방학 때 공부한 것이 도움이 많이 되었다고 했다. 일흔이 넘고 팔순이 다 된 어르신 학생 몇 분도 해마다 빠지지 않고 열심히 공부하고 계신다.

 학생들이 쓴 리포트를 첨삭하면서 글쓰기 능력이 향상되는 것을 보면 즐겁다. 그러나 즐거운 것만은 아니다. 귀찮을 때도 있고 너무 힘들 때도 있다. 이번 방학에는 학부뿐만 아니라 신대원 학생을 대상으로 특강수업을 했다. 신대원생 역시 학부생과 별반 다르지 않아 글쓰기 학습을 많이 해야 한다는 것을 절감했다. 내용은 고사하고 기본적인 형식을 갖추지 못한 학생이 상당수였다. 이런 상황에서 빠지지 않고 강의를 성실하게 수강하고 리포트를 잘 써와야 하는데 불성실한 사람이 너무 많았다. 강의를 하고 리포트를 첨삭하는 것은 힘들어도 참을 수 있다. 그러나 학생들이 보여 준 불성실한 모습은 특강 수업을 하게 된 동기와 의지를 꺾어 힘이 쑥 빠지게 한다.

 글쓰기 교육을 체계적으로 하는 대학은 대부분 '글쓰기 클리

닉'을 운영하고 있다. 1, 2학년 때 글쓰기 과목을 교양필수로 정해 교육하는 데 머물지 않고 글쓰기 교육을 상시적으로 하려는 의도 때문이다. 이번 특강수업을 하면서 실시한 설문조사에서 참석자 모두 우리 대학에도 '글쓰기 상담소'를 운영하면 좋겠다고 했다. 오래전부터 생각했는데 학생들도 같은 생각을 하고 있었다. 교수학습지원센터장이신 교수님께 이 사실을 말씀 드렸더니 다음 학기부터 설치하여 운영하기로 했다고 하셨다.

 학생들에게 줄 만한 것이 나는 없다. 다만 학생들에게 글쓰기는 두려운 것이 아니라 즐거운 것이라는 걸 깨닫게 해주고 싶다. 글 쓰는 재능은 태어나면서 가지고 나오는 것이 아니라 노력하여 이룰 수 있다는 희망을 주고 싶다. 우리 학생들이 감성적인 글쓰기 능력과 논리적인 글쓰기 능력을 길러 목회 현장, 복지 현장, 치료 현장, 공연 현장으로 나가면 좋겠다. 이 현장에서 어떤 문제와 맞닥뜨린다 할지라도 감성과 논리를 가지고 해결하는 유능한 리더가 되면 우리 지역, 사회, 국가가 얼마나 행복해질까. 이런 날을 꿈꾸며 겨울방학을 또 기다린다.

(2015. 8. 12.)

눈물로 읽은 리포트

　오랜 가뭄 끄트머리에 한 차례 폭풍이 지나가고 두어 번 비가 내렸다. 기말고사를 앞두고 메르스 때문에 학사일정을 한 주 늦추면서 잠시 어수선하고 분주했던 캠퍼스가 방학하여 적막하다. 학교 뒷산 숲에서 울어대는 매미 울음소리가 날파리 걸린 거미줄처럼 허공에서 낭창하다. 기말고사를 치르고 나서 성적처리를 하자마자 매년 해 온 것처럼 올 여름방학에도 학생들에게 글쓰기 특강수업을 시작했다. 매주 화요일 오전은 학부생을 대상으로 하고 오후에는 대학원생을 대상으로 하고 있다. 우리 대학은 다른 대학과 달리 만학도가 많을 뿐만 아니라 고등학교 때 글쓰기 수업을 제대로 배우고 진학한 학생이 드물다. 그래서 다수 학생이 언어활동에 부담을 많이 느끼고 있다.

특히 글쓰기에 대해 콤플렉스를 가진 학생이 많다. 특강수업에 대한 목표를 다음과 같이 정했다.

글쓰기는 지금, 여기, 내가 처한 문제, 내가 살고 있는 삶에 영향을 미치는 행위이다. 이번 여름방학 특강을 통해 대어를 낚으려 하지 말자. 잔챙이지만 잦은 손맛을 통해 글을 낚는 재미에 푹 빠지는 낚시꾼이 되자. 글쓰기를 힘든 노동으로 여기지 말고 즐겁고 행복한 놀이나 여행으로 생각하자.
다양한 글쓰기를 경험하면서 자신을 깊숙이 들여다보며 자아를 존중하는 마음을 먼저 회복하자. 글쓰기는 '내'가 중심이 되지 않으면 안 된다. 세상에 글쓰기에 대한 이론서가 많이 있지만 내가 주체가 되어 쓰지 않으면 헛꿈이 되고 헛꽃만 피우고 만다. 한꺼번에 벼락부자 되듯이 글을 잘 쓸 수 없다.
긴 여행을 한다는 마음으로 여유를 갖되, 성실하고 꾸준하게 달려가자. 부족하지만 여러분이 떠나는 글쓰기 여행에 그림자같이 동행하며 안내자가 되겠다. 내 심장이 뛰는 한 이 문장을 배신하는 몹쓸 사람이 되지 않겠다. 아자!

8주 수업 가운데 제1주는 언어활동을 할 때 알아야 할 기준과 원칙을 제2주는 오류를 파악하는 방법에 대해 강의했다. 그리고 제3주는 성찰적인 글쓰기 과제로 '자신에게 말 걸기'라는 리포트를 냈다. 글쓰기 수업은 강의하는 것보다 학생이 쓴 글을 일일이 첨삭하는 데 시간이 많이 걸린다. 학부생 50명, 신대원생 25명이 낸 글을 첨삭하려면 꼬박 하루가 커피 잔 비워지듯 지나간다. 강의가 끝나고 나면 다음 날 바로 첨삭을 마쳐야지 그렇지 않으면 한 주가 뒤죽박죽 뒤엉키고 만다.

수업을 받는 학생 가운데 사회복지학과 수완이가 있다. 그는 군대를 다녀와서 지금 3학년에 재학하고 있다. 1학년 때 '글쓰기의 전략'이라는 강의를 수강하였고 작년 여름방학 때 특강을 받았다. 늘 밝고 매사에 적극적이며 남달리 예의가 바르고 겸손하다. 특강 때 반장을 맡아 궂은일을 마다하지 않고 리더십을 유리구슬처럼 반짝반짝 드러냈다. 오전에 신대원 학생들 리포트를 첨삭하고 오후에 학부생 리포트를 첨삭하다 언덕배기에 이르러 수완이가 쓴 글을 읽었다.

그는 오랜만에 엄마를 만나는 날 "바람이 달다."고 했다. 새벽에 부천에서 출발하여 자신을 만나러 군산까지 운전하며 온 엄마가 "어디쯤 올까?" 하고 바람 앞에서 바람보다 더 선명하게 흔들렸다. 2011년 3월 훈련소에서 7년 만에 만난 엄마가 자신을 안아 주었을 때 맡은 엄마 냄새가 그립다고 했다. 그 후 4년 만에 만난 엄마가 "엄마와 함께 산 동안 행복한 때가 언제였어?"라고 물었을 때 속으로 "없었다."고 대답했다. 맨날 엄마와 아빠가 싸우는 것을 말려야 했고 늦게 귀가하는 엄마를 차디찬

벽에 기대고 기다려야 했다. 밥이 없어 할머니한테 전화를 하고 배가 고파 도둑질을 하여 엄마한테 혼이 났다.

그렇지만 수완이는 엄마를 엄마라고 마음껏 부를 수 있었던 12년이 자기 삶에서 가장 행복한 시간이었다고 했다. 가장 먹고 싶은 것이 소풍가는 날 아침 엄마가 싸준 김밥이라고 그랬다. 가끔 배가 고프면 엄마가 간식으로 해 준 계란을 얹은 구운 식빵이 먹고 싶다고 했다. 그가 쓴 동화 같은 글을 읽으면서 눈물이 강처럼 흘렀다. 눈물을 훔치고 수화기를 들었다가 다시 흐르는 눈물 때문에 수화기 내려놓기를 몇 번이나 했을까. 수완이에게 겨우 전화를 했다. "예, 교수님. 건강하시지요?" 곰소에서 아르바이트를 한다는 수완이 목소리는 너무 평화스럽고 여유까지 넘쳤다.

리포트를 읽다가 전화를 했다고 하자 수완이 목소리가 잠시 실금 번진 알처럼 염려스러워졌다. 아빠는 어렸을 때 새엄마를 만나 철새처럼 날아가 버리고, 12살 이후 스무 다섯을 먹은 지금까지 엄마를 몇 번 보지 못했다고 했다. 엄마가 부천에 살고 있다는 것이 엄마에 대해 알고 있는 유일한 정보였다. 그는 누나랑 할머니 집에서 살고 있는데 정말 행복하다고 했다. 이 말 끝에 휴화산처럼 잠자고 있던 눈물이 마그마처럼 뜨겁게 흘러내렸다. "교수님. 저 괜찮아요. 염려해주셔서 감사합니다. 정말 행복하게 살고 싶어요." 오히려 수완이가 날 위로했다.

문을 뜯고 다른 사람 집을 들어갈 수 없듯이 마음을 찢고 상대에게 들어가는 것은 힘든 일이다. 수완이와 통화하면서 내 손과 입이 그를 위로할 수 없는 허망한 장식품 같았다. 오래전 쓴 「마른 풀잎」이란 시를 수완이에게 들려주고 싶다.

말라서 더 빛난 게 있다/ 눈 속에 파묻힌 풀잎들/ 푸른 봄보다 더 꼿꼿하잖는가/ 차가울수록 더 빛난 게 있다/ 눈 속에 눈뜨고 있는 풀잎들/ 따스한 날보다 당당하잖는가/ 우리 살다보면 아파서 여위고/ 차디찬 고통에 마른 날 있다/ 아프고 힘들다고 그저 그렇게/ 메말라 바람에 날릴 수 없다/ 그렇게 하고 말기엔 우리들/ 타고난 이름이 부끄럽잖는가/ 마른 풀잎처럼 꼿꼿이 서서/ 푸른 하늘 바라봐야만 한다/ 마른 풀잎처럼 당당이 서서/ 싱싱한 날 기다려야만 한다/ 그저 빼빼 마르고 말기에는/ 우리 삶이 정말 장장하잖는가

― 졸시 「마른 풀잎」

(2015. 7. 15.)

대면첨삭

오월의 마지막 불금이 뜨겁다. 땡볕 아래 달구어진 운동장에서 사회복지학부 학생들이 체육대회를 하면서 지르는 함성이 만국기처럼 휘날린다. 종강이 코앞에 다가왔다. 인문고전을 읽고 내준 논제를 매주 논리적인 글쓰기로 쓰는 리포트 때문에 학생들 고생이 이만저만이 아니다. 개인적으로 해준 서면첨삭을 이해하지 못한 학생들과 오늘 연구실에서 만나기로 했다. 어제 오전에 만나기로 했는데 어머니 병원 모시고 다녀오는 바람에 시간을 지키지 못했다. 하늘이 무너져도 꼭 오라고 큰소리깨나 쳤는데 정작 내가 약속을 지키지 못했다. 세상살이 큰소리칠 일 아니라는 것 알면서도 늘 허방을 짚는다.

연구실에 들어오는 학생들마다 주눅이 단단하게 들어있다.

선생과 일대 일로 만나는 것 자체가 유쾌할 리 없는 불편한 거리일 테고 여러 차례 지적 받은 것을 제대로 알고 있지 못한 데 대한 콤플렉스가 작동했기 때문일 것이다. 오는 학생마다 빈손이 아니다. 델몬트 사과 드링크, 복숭아스위티, 우엉차, 과자에 이르기까지, 내가 주전부리가 심한 것을 이미 파악한 모양이다. 한사코 가져가라고 손사래를 쳐도 학생들 표정은 한결같이 되가져갈 의도가 전혀 없다.

학생을 바로 내 옆에 앉히고 바라보니 서로 사이가 가까워진 만큼 환해졌다. 강의시간에 주로 내 시야 밖에서 유랑했던 시선이 자신이 쓴 리포트에 정착하였다. 그러자 구겨진 문장이 펴지기 시작하고 부러진 문장이 이어지기 시작했다. 벽 같았던 문장이 문 열고 말을 걸어 왔고 불완전했던 문장이 온전해지기 시작했다. 여러 학생 가운데 특별한 이름이 있다. 올해 나이가 스물 다섯인 주수는 집안 형편으로 인해 고등학교를 일찍이 포기하고 병원 일을 하다 검정고시를 치르고 사회복지학부에 입학했다. 인문 고전읽기 수업을 들으면서 난생처음으로 매주 책을 읽고 글을 썼다고 해맑게 고백했다. 요즘 책 읽고 글 쓰는 재미가 쏠쏠하여 공부하는 것이 재미있다고 했다. 그가 풀어놓은 이야기를 다 듣다 보니 땡볕 넘쳤던 운동장이 그림자를 설계하고 있다.

연구실 문을 나서다 말고 주수가 주저주저하더니 두 문장을 꺼냈다. "죄송한데 드릴 말씀이 있어요. 교수님이라고 부르지 않고 선생님이라고 부르고 싶은데 실례가 될지 모르겠습니다." 교수면 어떻고 선생이면 어쩌랴. 다만 학생들이 절실하게 필요로 하는 것을 다 채워주지 못한 부족함 때문에 미안할 따름이지. 강의시간에 해찰을 하거나 집중하지 않는 학생이 있으면 그때마다 모질게 혼을 낸다. 잠을 자든 딴전을 피우든 그냥 못 본체 하고 대학생답게 대접해야 하는데 일일이 간섭한다. 이러다 보니 과묵한 아버지 같은 교수 티가 나지 않고 잔소리 하는 어머니 같은 선생 티가 났을지도 모른다.

   화요일 반 수강생들이 쓴 레포트 첨삭을 마무리 하고 퇴근하려고 할 때 조심스럽게 누군가가 문을 두드렸다. 양희였다. 양희는 아직까지 문단 나누는 방법을 잘 몰라 헤매는 학생이다. 두 번째 방문하는 양희에게 차근차근 설명해주었더니 얼마 후에 얼굴에 화색이 선명하게 돌았다. 이해한다는 기색이 역력했다. 너무 귀찮게 해서 죄송하다는 말을 여러 번 하였다. 양희는 세상에서 함께 이야기를 나눌 사람이 한 사람도 없어 힘들다고 했다. 스마트 폰이 없었다면 숨이 막혀 죽었을지도 모른다고 털어놨다. 대다수 학생이 겉보기에는 젊고 발랄하지만 내면 깊은 곳에 각자 퇴적된 아픔을 안고 산다. 대면첨삭을 하면서 학생들이 가지고 있는 오래된 아픔 속에 군내가 있다는 것을 알았다. 앞으로 이 군내를 마다하지 않고 팔팔 끓여 함께 나눠 먹는 선생이 되고 싶다.

    오래된 게장 껍데기 속이나/ 삭일대로 삭인 묵은지 장독엔/ 군내가 오글오글 모여 산다/ 오래된 슬픔에도 군내가 박혀 있어/ 게장 껍데기에 밥 비벼 먹듯/ 불청객 같은 간조름한 슬픔도/ 때로는 게걸스럽게 먹어야 산다/ 사는 게 힘 팽겨 입맛 달아날 때/ 군내 나는 묵은지로 찌개 끓여/ 한 끼쯤 때우면 입맛 돌아오듯/ 오래된 슬픔 속에 있는 군내 꺼내/ 센 불에 달달 볶아 찬으로 삼아/ 이 악물고 조물조물 씹어야 산다
              - 졸시 「오래된 슬픔엔 군내가 있다」

(2105. 5. 29.)

사랑하면 아프다

개학한 지 사흘째 된 날 문자가 한 통 들어왔다. "교수님, 오늘 시간 좀 나시는지요?" 발신인이 없고 입력해 놓은 전화번호도 아니어서 누군지 궁금했다. "누구신지요? 오늘은 시간이 없습니다. 내일 오후 4시 정도에 시간이 있습니다."라고 답신을 보냈다. "죄송해요. 저 혜인입니다. 내일 4시에 연구실로 찾아봬도 될까요?" 이 말 끝에 "좋아요."란 답 글을 달고 혹 잊어버릴지 몰라 달력에다 표시를 해두었다.

혜인이는 민철이와 같은 학부 학생으로 캠퍼스 커플이다. 학교에서뿐만 아니라 교외에서도 항시 손을 잡고 다녀 학교에서 소문난 커플이다. 둘 다 성격이 차분하고 조용하여 참 잘 어울린다. 그들이 서로 교제하는 것에 대해 대다수 사람이 긍정적인 반응을 보였다. 시외 권에서 통학하는 민철이와 시내가 집인 혜인이는 시외버스정류장에서 만나 스쿨버스를 타고 등교를 할 정도로 늘 찰싹 붙어 다닌다. 점심시간에는 두 사람이 한갓진 곳에서 도시락을 함께 먹는다.

다음 날 수업을 마치고 약간 지친 상태에서 연구실에 도착하여 커피를 탔다. 노크 소리와 함께 혜인이가 수척한 모습으로 들어왔다. 직감으로 민철이와 무슨 문제가 생긴 게 분명하다는 것을 느꼈다. 혜인이가 앉자마자 이야기보따리를 풀어놓기 시작했다. 너무 답답하고 가슴이 터질 것 같아 날 찾아왔다고 했다. 자신이 민철이를 생각하는 것만큼 민철이는 자신을 생각하지 않는 것 같다고 했다. 자신은 아프고 서운해서 울음이 나오는데 민철이는 자신이 처한 감정을 배려하지 않아 자존심이 상한다고 했다. 다른 사람들과 함께 있는 자리에서 자신을 사랑하고 존중하는 언행을 하지 않아 속이 상할 때가 많다고 했다.

민철이가 한 주 동안 해외로 단기 선교를 갔을 때 아무리 바쁘더라도 자주 연락해주기를 바랐다고 했다. 너무 보고 싶고 잘 지내고 있는지 궁금하여 기다리다 못해 전화를 했는데, 민철이가 성의 없이 전화를 받아 자신을 정말 사랑하는지 의심했다고 했다. 혜인이는 세상에서 아빠를 가장 존경한다고 했다. 자상하시고 너무 가정적이셔서 아빠와 같은 사람을 배우자로 삼고 싶다고 했다. 민철이 때문에 너무 힘들어하는 모습을 보고 부모님께서 안쓰러워하셔서 부모님께 죄송하다는 말도 잊지 않았다.

 날 보러 오기 전 점심시간에 민철이랑 밥을 먹으면서 옛 일은 다 잊고 다시 시작하자고 다짐했다며 마음이 좀 트인 것 같다고 했다. 사랑 때문에 고민하고 아파하는 혜인이에게 부럽다고 했다. 젊다는 것 자체가 장식이다. 젊은이는 몸에 액세서리를 하나 걸치지 않아도 아름답다. 다른 세대보다 젊은이는 사랑을 누릴 특권을 가지고 있다. 누구든 사랑을 하면 사랑은 삶에서 한 부분이 되지 않고 전부가 된다. 먹고살기 위해 사는 게 아니라 오직 사랑하기 위해 산다. 그래서 생각이 늘 상대 주위를 빙빙 돌거나 머문다.

 혜인이에게 두 번째로 한 말이 사랑은 아픈 것이라고 했다. 사랑하면 누구든 아프기 마련이다. 누군가가 사랑의 날개로 따스하게 감싸준다 할지라도 날개 속에 가시가 들어 있을 수 있고 예리한 칼이 숨겨 있을 수도 있다. 마음을 쓸수록 마음이 가시에 찔리고 칼에 베어 상처를 입는다. 사랑은 살아있는 생물 같아서 마음먹은 대로 붙잡을 수 없고 의지와 달리 멀어지거나 달아난다. 사랑을 뜻대로 다 이룰 수 없다. 누군가를 사랑하는 깊이만큼 아픔도 깊어질 수밖에 없다. 사랑하는 것만큼 가슴이 아리고 애틋하기 때문이다.

 이렇듯 사랑은 아프기도 하지만 아픈 상처가 아물면 새살이 돋는다. 누군가를 사랑하는 것은 행복하고도 아픈 일이다. 혜인이가 앓고 있는 아픔은 아름다운 성장통이 되어 그를 더욱 웃자라게 할 것이다. 뾰쪽한 답을 찾으려고 날 찾았을 혜인이 마음이 더 어수선해졌을지도 모르겠다. 사랑에 관한 문제는 당사자가 서로 아파하면서 풀어야 답이 아름답게 나온다. 사랑엔 조건이 없어야 한다. 믿어줘야 한다. 주는 것이 아깝지 않아야 한다. 적당하게 떨어져서 지켜봐야 한다. 이럴지라도 사랑하면 아프다.

(2015. 8. 30.)

사우師友

    금요일 오후, 연구실을 대청소하고 나서 어두문학회 학생들이 써 온 작품을 합평하였다. 학생들이 수업을 마치고 돌아가고 나자 학교 곳곳은 적막이 스멀스멀 기어 다녔다. 모 신학교를 다니다 휴학하고 상근 예비역으로 군 생활하는 큰아들이 휴가를 받아 책을 읽겠다며 『이스라엘 역사』(한국신학연구소)를 대출해 달라고 부탁했다. 책이 너무 오래되어 쥐가 오줌만 누지 않았지, 누렇게 떠서 이스라엘 역사를 고풍스럽게 기록하고 있는 것 같다. 아들이 읽고 나면 나도 한번 읽어보려고 한다. 어제 쓴 「이리도」란 시를 교정하고 나니 눈이 너무 피곤하여 창밖을 내다보았다. 오월이 지천으로 신록으로 결속되어 바다처럼 푸르러 눈이 맑아졌다.

> 이백 명쯤 되는 수강생들/ 매 주마다 리포트 첨삭하다 보면/ 가르치는 게 맨 땅에/ 삽질하는 것보다 힘들 때 많다/ 뒤틀리고 비뚤어진 문장/ 곧바로 펴 피 흐르게 하고/ 비문 암호 풀듯 해독하여/ 막힌 물길 제자리로 돌리면/ 논점에서 벗어난 동문서답의 글/ 가뭄에 땅콩처럼 열려 풍년이다/ 글쓰기 첨삭은 중노동이지만/ 사랑과 헌신으로 해야 한다고/ 모 학술대회에 참석하여/ 불쑥 내뱉은 말/ 입을 지키는 자/ 자기 생명을 보전한다는 잠언/ 이 말씀 주어로 삼고 리포트 삽질한다
>
> — 졸시 「리포트 삽질하다」

개인적으로 서면첨삭을 여러 번 해줘도 이해하지 못한 학생들이 있다. 그래서 이 학생들을 오늘 연구실로 불러 대면첨삭을 하기로 했다. 오후 4시까지 연구실로 오라고 했는데 이런저런 사정이 있는 학생은 일찌감치 다녀갔다. 아직도 단락을 어떻게 나눠야 할지, 긴 문장을 어떻게 고쳐야 할지, 피동문을 왜 삼가야 하는지 모른 학생이 많다. 논점에서 벗어난 글을 쓰고 있는 학생은 부지기수니 이래저래 난 부자이다. 배우는 방법은 듣고 배우고 보고 배우고 가르치면서 배운다고 한다. 이 가운데 가르치면서 배우는 것이 가장 좋은 방법이라고 한다. 나는 오늘 학생들을 가르치려고 이곳에 있는 것이 아니라 배우려고 있다. 그래서 공자는 제자들을 '사우'라고 하지 않았던가.

학생들이 제출한 글을 통해 각자 여러 가지 아픔을 가지고

사는 것을 본다. 어렸을 때 부모님이 이혼하여 할머니 손에서 큰 건수는 아버지에 대한 분노가 글 속에 무성하게 자라고 있었다. 쉰 두 살인 현민 씨는 십여 년 전 사랑하는 아내를 잃고 하던 사업이 부도가 나자 몇 차례 자살을 시도했다고 한다. 그러나 두 딸 때문에 죽음을 포기하고 자살을 마음먹은 사람들에게 희망을 심어주려고 상담심리를 공부하고 있다. 예주는 고등학교 때 일진에 가입하여 방황하다가 목사인 아버지 기도로 회심하여 목회자가 되려고 신학을 공부하고 있다. 그는 자신이 겪은 경험을 바탕으로 청소년 사역을 꿈꾸고 있다.

 유별스럽게 자녀로 인해 큰 아픔을 몇 차례 겪은 나에게 오래 전부터 주위에서 신학을 공부하라는 말을 많이 하였다. 모두 하나님께서 나에게 뜻하는 바가 있어 고난을 주신 것이라고 했다. 그런데 용기가 없어 큰아들에게 신학을 권하여 신학대학교에 입학시켰다. 책임을 큰아들에게 전가한 셈이다. 글쓰기에 대한 지식은 내가 좀 더 가지고 있을지 모르지만 학생들이 겪은 아픔이나 신앙심은 나에게 도전을 주고 삶을 다시 바라볼 수 있게 해 준다. 그래서 학생들은 공자가 한 말처럼 나에게 사우師友나 마찬가지이다.

 사우들이 올 시간이 가까워지고 있다. 노크도 하지 않고 양정이가 들어왔다. 대학생에게 일일이 잔소리하는 것이 서로 귀찮은 노릇이지만 교육적인 차원에서 나는 그냥 넘어가지 않는다. 어떤 조직이나 사회가 기본을 지키지 않으면 건강할 수 없다. 양정이에게 들여쓰기와 단락 나누기, 우리말이 지닌 서술성을 살린 문장과 피동문, 띄어쓰기와 논점에서 벗어난 오류에 대해 설명해주었다. 연구실에 들어설 때 무겁고 긴장했던 것과 달리 밝은 표정으로 인사를 하며 나서는 모습이 참 예뻤다.

   다음에 등장할 사우를 기다리면서 배우는 것을 싫증내지 않고 남을 가르치는데 게을리하지 말라는 공자 말씀을 되새김질하였다.

(2015. 5. 29.)

선독選讀하다

　교통사고를 당한 지 이틀째다. 아침에 일어나면 나아질 것이란 기대가 허물어져 뒷목이 더 무겁고 허리에서 오른 발까지 저려왔다. 가볍게 산책을 하면 좀 풀리지 않을까 하고 평소처럼 집을 나섰다. 산책길에 여전한 안개, 이슬, 간밤 멧돼지가 지나간 동식이 아저씨 집 나락 밭, 소류지에서 민물새우를 잡는 사람들, 예초기를 여러 대 싣고 지나가는 차, 제 집으로 돌아가지 못한 산 지렁이를 낚아챈 까마귀를 차례차례 만났다. 고속도로 고가다리를 달리는 차량 소음이 유별나게 컸다. 이런 날은 일기예보를 참고하지 않더라도 어김없이 흐리거나 비가 내렸다.
　오늘도 수업하기가 어려워 오전에 목욕탕에 들러 근육을 푼 다음 병원에 들러야겠다고 마음먹었다. 아침을 먹고 잠깐 누웠는데 그만 잠이 들었다. 일어났더니 12시였다. 여전히 뒷목이 천근만근이었다. 목욕을 마치고 병원에 들렀다. 오래전 쓴 「웃음도 잘 웃어야 꽃이 된다」는 글이 생각났다. 의사가 어제 어떻게 다쳤냐고 물어서 차가 서 있는데 뒤에서 받았다고 했더니 의사한테 그런 말까지 할 필요 없다고 했다. 한마디 하려다가 꾹 참았다.

오늘은 몸 상태가 어떠냐고 물어 더 심해져서 물리치료를 받기 전에 목욕탕에 들렀다 왔다고 했다. 이 말을 듣고 쓰디쓰게 웃었다. 국어 화법도 잘 모르고 환자를 인격적으로 대하지 않는 처사에 화가 났다. 본의 아니게 교통사고를 당했고 집과 가까워 울며 겨자 먹는 식으로 왔지만, 다시는 올 일이 없을 것이라고 스스로를 달랬다. 치료라고 해봤자 통증완화주사 맞고 뜨거운 팩 찜질에다 전기치료 좀 받는 게 전부인데, 콧대가 높아도 지나치게 높았다. 그런데 어쩌랴. 의사가 되려고 젊은 시절 뼈빠지게 공부만 하느라 인성을 기를 겨를이 없었을 테니 내가 참고 이해해야지. 그에게서 이것만 선독選讀하기로 했다.

이틀째 학교에 나가지 못했더니 카톡과 문자가 넘쳤다. "교수님! 교통사고 났다고 들었어요. 정말입니까?" 주완이 문자였다. "교수님. 오늘 사고 소식을 들었습니다. 힘내십시오." 시를 열심히 쓰는 호복 씨였다. "교수님! 많이 궁금합니다." 어두 문학회 윤유순 학생이었다. 카톡으로 친구 성식이와 시인인 형만이 형님이 9월 첫날을 축복해주는 문자를 보냈다. 이뿐 아니라 지역봉사활동 회원 딸 결혼식 공지와 문학회에서 문화재단 선정 수필집 원고를 접수하라는 안내 문자도 자리하고 있었다.

　내일 점심 때 여름방학 특강을 수강한 신대원 학생들이 점심을 함께하자고 문자를 보냈다. 모레 오후엔 임시교수회의가 저녁엔 퇴임교수와 교수협의회 임원이 저녁 식사를 한다는 문자도 동거하고 있었다. '인문고전'과 '논리적 글쓰기' 수업을 청강하는 이경옥 목사님이 강의계획서를 메일로 보내주길 원하는 글을 놓칠 뻔했다. 몸이 이런 상태라면 내일까지는 더 쉬어야 할 것 같다. 이러한 문자 가운데 유일하게 형만이 형님한테만 답신을 보냈다.

　허형만 시인은 이종형님이시다. 형님은 내가 닮고 싶은 시인이다. 나이를 드시면서 인생을 관조하고 성찰하는 시를 많이 쓰신 것 같다. 시인은 철이 들면 안 된다고 한다. 그런데 나도 모르게 속 철은 몰라도 겉 철이 들어버린 것 같다. 다른 일은 몰라도 문화재단 선정 수필집 원고는 바로 접수해야겠다. 농부는 농사를 지어야 존재감을 느끼듯이 글쟁이는 글을 열심히 쓰고 독자와 소통하기 위해 작품집을 내야 한다. 이런 점에서 이런 일을 잘 기획하고 도와주는 한비문학이 고맙다. 형만이 형님과 수필집 원고 접수 안내만 선독選讀하고 말 즈음 손전화가 울렸다.

여든네 살 드신 오점녀 학생이었다. 당신이 살아오신 파란만장한 삶을 회고록으로 쓰고 싶어 여든이 넘은 나이에 입학한 대만학도시다. 내 소식을 듣고 걱정이 되어 병문안을 오시겠다고 하셨다. 통원치료를 하기 때문에 오실 필요가 없다고 하자 늙은이가 간다고 하니까 싫으냐고 하시며 웃으셨다. 오점녀 학생 전화가 끝나자마자 사회복지학부 4학년 유덕수 학생이 전화를 했다. 그리고 동료교수 한 분이 전화를 주셨다. 오늘 대전국군병원으로 치료를 받으러 간 큰아들도 전화를 하여 내가 물을 사이도 없이 내 몸 상태를 먼저 물었다. 박선호 전도사님도 하굣길에 전화를 하셨다.

내 주위에 참 많은 사람이 있다는 것을, 날 걱정해주는 사람이 참 많다는 것을 알았다. 늦은 오후가 되자 비가 쏟아지기 시작했다. 흙냄새가 마치 제과점에서 빵 굽는 냄새처럼 났다. 게다가 뇌성까지 울렸다. 오늘 이 하루 가운데 선독選讀할 게 뭐가 있겠는가. 모든 이가 다 소중한 사람이고 모든 일이 다 버릴 수 없는 추억인데. 모처럼 내린 비로 9월 초하루 저녁이 흠뻑 젖었다.

(2015. 9. 1.)

소정이 리포트

　소나기와 땡볕 더위가 소설 앞뒤 페이지 책장처럼 연속적으로 이어지고 있다. 월요일은 잠자리에 들면 잠이 잘 오지 않는다. 화요일마다 하는 여름방학 글쓰기 특강 수업시간을 설레며 기다리기 때문이다. 어느덧 4주차가 지나갔다. 4주차 시간은 성찰적 글쓰기에 대한 두 번째 시간이다. 자신이 살아오면서 느낀 최고 순간과 긍정적인 영향을 미친 사람, 자신이 바라는 삶이나 사회에 대해 에세이를 쓰는 리포트를 냈다. 수강하는 학생 쉰 명 가운데 서른한 명이 신학부 학생이고 이 가운데 고등학교를 졸업한 지 10년이 넘은 학생이 27명이다. 또 편입학한 학생은 10명이다. 학생들이 쓴 리포트를 하나하나 첨삭하면서 학년 고하와 편입학한 학생을 막론하고 많은 학생이 글쓰기에 대한 학습을 제대로 받은 경험이 없다는 것을 알았다.

들여쓰기나 단락나누기는 물론이고 띄어쓰기나 맞춤법 표기를 제대로 하지 못한 학생도 많았다. 그런데 수업시수를 더해가고 서면첨삭을 통해 잘 이해하지 못한 학생은 연구실로 불러 대면첨삭을 하자 차츰 발전하였다. 소정이는 지난 학기 인문고전 읽기 수업을 수강하였다. 이 수업은 과목명처럼 읽기지만 학생들에게 언어활동 능력을 길러 주려고 책을 읽고 요약한 내용을 발표한 다음 적절한 논제를 주고 논리적으로 글을 쓰게 하였다. 매주 책을 읽은 다음 이를 발표하고 글을 써야했기 때문에 학생들이 많이 힘들어 하고 불만을 많이 토로했다.

힘든 것은 나 역시 마찬가지였다. 200명쯤 된 학생이 쓴 리포트를 매주 첨삭하여 돌려주고 글 쓰는 과정을 일일이 점검하여 기록으로 남겨야 했기 때문이다. 많은 학생이 독서량과 리포트 분량이 많다며 타협을 바랐지만 꼼짝하지 않았다. 이런 학습을 통해 언어활동 능력을 기르지 않으면 대학생활을 하면서 학습 능력이 떨어지고, 졸업한 후 현장에서 일어나는 문제를 해결하기 어렵기 때문이다. 강의평가 결과를 봤더니 예상한 대로 리포트 분량이 많은 것에 대한 불만이 가장 많았다. 그러나 어렵고 힘들었지만 독서능력과 글쓰기 능력이 향상되었다고 밝힌 학생도 많았다.

소정이는 올해 모 대안고등학교를 졸업하고 신학부에 입학했다. 인문고전 읽기 수업시간에 성실하게 공부하여 성적을 잘 맞았다. 그리고 이번 방학특강도 빠지지 않고 열심히 수강하고 있다. 자신에게 긍정적인 영향을 미친 사람에 대해 글을 쓰면서 나에 대한 이야기를 써 냈다. 학생들에게 나를 빼라는 조건을 말뚝 박듯이 박았는데 무시한 셈이다. 오히려 소정이는 "이것은 결코 아첨에 호소하는 오류가 아닙니다."라고 아예 못을 박고 글을 썼다.

"사랑은 하트 모양이 아닌 사랑하는 것의 모습이라고 말씀하신 교수님! 아니 교수님이라는 단어보다 선생님이라고 부르고 싶다. 교양필수 과목이어서 수강한 인문고전 읽기 수업을 아무 생각 없이 들었다. 그런데 이 수업이 나는 너무 좋은 시간이었다. 책을 읽고 내용을 요약하고 매주 리포트 쓰는 것을 남들은 힘들다고 하였지만 나는 좋았다.

교수님께서 매주 내주시는 리포트 주제가 너무 좋았다. 어려운 것도 많았지만 지금까지 살면서 단 한 번도 생각하지 않았던 것이 내 머릿속을 복잡하게 만들었다. 그러나 언젠가 한 번 아니 여러 번 생각해야 할 것이었다. 교수님께 감사했다. 내 생각을 깊고 넓게 해주셔서 정말 감사했다. 나에게 긍정적인 영향을 엄청나게 미치신 교수님! 앞으로도 엄청 엄청 엄청나게 긍정적인 영향을 미치실 것이라고 믿는다."

소정이가 쓴 글을 읽으면서 부끄러움과 함께 고등학교 2학년 때 담임이셨던 이동기 선생님이 떠올랐다. 국어 선생님이셨던 선생님은 나에게 응원대장 같은 분이셨다. 영어와 수학 성적이 형편없었던 나에게 국어 한 과목만 잘해도 행복하게 잘 살 수 있다고 격려해주시고 칭찬해주셨다. 백일장 대회에 나가 상을 받아오면 학생들에게 박수를 여러 번 치게 하시면서 "내 제자, 내 제자"라고 하셨다. 수업시간이 되었는데도 학생들이 떠들면 아무 말씀도 하지 않으시고 창밖을 한참 바라보시며 조용히 할 때까지 기다리셨다.

"다 떠들었냐? 그래 건강들 하니까 보기 좋다. 내가 너희들만 했을 때 만났던 여학생이 있었다." 이 말씀을 관심 끌기로 연애담을 한 토막씩 풀어 놓으셨다. 이럴 때면 턱에 수염이 검실검실 나기 시작한 사춘기 소년들이 모여 있는 교실은 낮별이 수없이 떠서 반짝거렸다. 그 선생님 영향을 받아 수업 시간이 되어 강의실에 들어갔는데도 학생들이 계속 떠들면 선생님처럼 창밖을 한참 바라보는 습관이 생겼다. 그리고 학생들에게 읽어 줄 자작시를 준비한다.

가난과 이런저런 콤플렉스를 떠안고 오랫동안 방황했던 고교 시절, 칭찬과 격려로 지지해주시고 응원해주셨던 선생님! 그 선생님께서 뇌졸중으로 쓰러지셔서 가족도 알아보지 못하시고 누워 계신 지 3년이 되었다. 이제 내가 응원대장이 되어 선생님을 응원한다. "선생님. 힘내십시오. 오뚝이처럼 일어나셔서 한숨 잘 잤다."고 환하게 웃으십시오.

(2015. 7. 24.)

지잡대와 들꽃

 강의실에서 수업을 하다보면 멍 때리고 앉아 있는 학생이 더러 있다. 멍 때린다는 말은 수업에 집중하지 않고 정신을 놓고 멍하니 있는 것을 일컫는 은어이다. 늦은 나이에 검정고시를 거쳐 입학한 만학도는 공부하려는 의지와 달리 학습에 대한 부담을 많이 가지고 있지만 열정만은 뜨겁다. 이와 달리 일부 학생은 목적 없이 되는 대로 학교생활을 하는 것 같아 안타깝다. 특별한 경우를 제외하고 대다수 학생은 외국으로 유학을 가거나 일류대학교 학생이 되는 것을 꿈꾸었을 것이다.
 우리 사회에 지잡대라는 말이 입에 오르내리고 있다. 지잡대는 지방에 있는 잡 대학을 이르는 말이다. 지잡대에 대한 기준에 대해 논란이 많지만 보통 지방에 소재한 대학으로 원서만 쓰면 합격하는 대학을 일컫는다. 최근 K대 글로컬 캠퍼스 모 교수가 자신이 가르치는 학생들에게 "지잡대 놈아."라는 말을 하여 논란이 되고 있다. 지방대학에 다니는 학생들은 나름대로 학력에 대한 콤플렉스를 지문처럼 새기고 있다. 그래서 이들을 가르치는 사람은 이런 콤플렉스를 극복하도록 격려하고 열심히 가르쳐야 한다.

지방대학도 지방대학대로 등위가 있다. 학생모집이 갈수록 힘들고 어려운 상황에서 원서만 내면 합격하는 대학교에 다니는 학생은 현실적으로 기초학력이 부족한 편이다. 이런 상황을 감안하여 교수는 학생을 섬기는 마음으로 가르쳐야 한다. 왕왕 갈수록 학력이 떨어지는 학생들 때문에 가르치는 것이 힘들고 교수질 하기 힘들다고 말하는 사람이 있다. 이것은 가르치는 사람이 지녀야 할 마음가짐이 아니다. 학부나 과목에 따라 차이가 있지만 기초학력이 부족한 학생을 가르치려면 인내와 사랑이 필요하다.

7년 전부터 방학을 이용하여 학생들에게 논리적인 글쓰기 특강수업을 해왔다. 만학도나 편입생뿐만 아니라 고등학교를 졸업한 지 얼마 안 된 신입생까지 많은 학생이 참여했다. 학생들이 제출한 리포트를 첨삭하다 보면 강의하는 것보다 훨씬 시간이 많이 걸린다. 서면 첨삭을 해줘도 이해하지 못한 학생은 연구실로 불러 개인적으로 대면첨삭을 해주었다. 이러한 과정에서 글쓰기와 관련된 문제 외에 학생이 처한 상황이나 환경에 대해 이해할 수 있었다. 그래서 방학 특강이나 정규 수업을 받은 학생에 대한 신상을 거의 파악하고 있다.

이들은 겉은 멀쩡하지만 내면 깊은 곳에 여러 가지 콤플렉스를 떠안고 있다. 이 가운데 이들이 가장 무겁게 여기는 것이 지방대학생이라는 꼬리표이다. 지방대학 모 학과를 졸업하고 사회에 나가면 직장을 잡을 수 있을 것인지, 자기 의지와는 별개로 마지못해 입학한 학교를 계속 다녀야 할 것인지, 적당하게 다니다 다른 대학으로 편입해야 할 것인지에 이르기까지 학교에 대한 고민이 참 많다. 이런 고민에 깊이 빠져 있는 학생들에게 학교와 교수가 해야 할 일은 미래에 대한 꿈을 꾸게 해야 한다.

서울 소재 대부분 대학이 시행하고 있는 글쓰기 클리닉을 얼마 전 우리 대학에도 열었다. 학생들이 글쓰기와 관련하여 고민하는 것을 재학 중에 어느 정도 해결하고 졸업할 수 있도록 연중무휴로 지도하려고 한다. 목회 현장이나 복지 현장에서 글쓰기를 비롯한 언어활동 능력이 부족하여 애를 먹은 졸업생도 많이 있다. 이런 사람들도 글쓰기 클리닉을 언제든지 이용하여 도움을 받을 수 있다. 그래서 우리 학생들이 지방대학을 나왔기 때문에 글을 잘 쓰지 못한다거나 능력이 떨어진다는 말을 듣게 하고 싶지 않다.

난 변두리 지방대학에서 학생들을 가르치는 선생이다. 그러나 우리 학생들이 "지잡대 놈들"로 보이지 않고 들꽃으로 보인다. 비바람에도 끄떡하지 않고 향기를 내뿜는 들꽃! 먼지바람에도 때 묻지 않고 꿈을 꾸는 들꽃! 우리 사회와 교회, 인류와 세계의 들녘에 피어 지지 않는 들꽃이 되리라고 믿는다.

(2015. 10. 2.)

책거리

 엊그제 개강한 것 같은데 벌써 종강이다. 다른 수업은 지난 주에 종강했는데 논리적인 글쓰기 수업 월요일 반은 오늘 종강 하였다. 수강생 열두 명에 청강생 세 명이 알콩달콩 모여 매주 논제를 정하여 토의와 토론을 한 후 글을 써서 제출하게 하였 다. 매주 글을 써야 하는 부담 때문에 학생들이 힘들어 했지만 나 역시 학생들이 쓴 글을 일일이 첨삭하느라 힘이 들었다.

 학생들이 매주 글을 쓰느라 고생을 많이 하여 마지막 주는 책거리를 하기로 했다. 강의실에 들렀더니 칠판에 누군가 "교수 님, 한 학기 동안 수고하셨습니다. 감사합니다. 사랑합니다."라 고 써놓았다. 그리고 책상에 여러 먹을거리를 차려놓고 기다렸 다. 찰밥과 곤드레 나물, 갓 담은 배추김치와 통닭과 과자, 단감에 이르기까지 푸지게 준비하였다. 케이크에 불을 붙이고 종강을 축하하는 노래를 부른 후 학생들과 함께 촛불을 껐다. 문학동아리에서 활동하다 지난 한 학기 휴학했던 일흔넷 먹은 기정애 학생도 자리를 함께했다. 미국에서 교수로 있는 딸이 몇 달 동안 있어 달라고 도움을 청해 미국에 갔다가 돌아온 것이다.

 책거리는 서당에서 책 한 권을 다 읽고 떼었을 때 행하던 의례로 스승에게 감사하고 친구들과 함께 자축하는 것이다. 책례라고도 부른다. 이때 준비하는 축하 음식으로는 국수장국, 송편, 경단이 있다. 특히 송편은 깨나 팥·콩으로 만든 소를 꽉 채운 떡인데 학문도 그렇게 꽉 채우라는 바람을 담았다. 책례는 학동으로 하여금 학업 성취를 독려하는 의미도 있지만 선생님 노고에 답례하는 뜻도 담고 있다.

 공자는 자신과 제자들 관계를 '사우師友'라고 하였다. 나이를 많이 먹고 학교에 온 만학도든 젊은 학생이든 나름대로 배울 것이 있는 스승이고 세대를 초월하여 친구 같은 존재이다. 대다수 학생이 비록 비중은 다르지만 나름대로 아픔을 떠안고 학교생활을 하고 있다. 그러나 겉으로는 아프다는 내색을 하지 않고 의연하게 살고들 있다. 작고 사소한 일에도 불평을 앞세우고 호들갑을 떨었던 내 자신이 부끄러웠다.

 한 학기 동안 고생했다는 위로와 함께 방학 때 실시하는 글쓰기 특강수업에 참석하여 공부를 더하라고 권하였다. 모든 학문이 그렇듯이 글쓰기를 하루아침에 잘할 수 없다. 재채기가 나올 듯 말 듯 하다 멈춰버린 유쾌하지 않은 경험을 한 사람이라면 어정쩡한 경계가 주는 기분이 얼마나 칙칙한지 잘 알 것이다. 공부도 알 듯 모를 듯할 때가 가장 위험하다. 한 학기 수강한 것으로 글쓰기를 완성했다는 것은 자만이자 교만이다.

책거리는 종강을 의미하는 것이 아니라 새롭게 시작하는 출발점이다. 교수는 한 학기 동안 학생을 가르치면서 부족하고 미흡했던 것이 없었는지 점검해야 한다. 이 시간을 통해 다음 학기 때 더 좋은 수업을 할 수 있도록 준비해야 한다. 학생은 학점 받은 것으로 끝내지 말고 부족하고 이해하지 못한 것을 완전하게 알 수 있도록 되짚어보아야 한다.

글쓰기는 단순히 작문능력을 기르는 데 머물러서는 안 된다. 글쓰기는 언어활동 가운데 한 활동이자 소통하는 능력이다. 그리고 어느 현장에서든 문제를 해결하는 능력이다. 책거리를 하면서 내 수업을 수강한 학생들이 이러한 능력을 길러 사회에서 유능한 지도자가 되기를 갈망한다.

(2015. 12. 7.)

제4부

여름 숲

거미의 건축술

 정원에 있는 나무 곳곳에 거미가 지은 집이 다닥다닥 붙어있다. 요즘 부쩍 거미집이 늘었다. 거미줄에 걸린 것은 주로 갈색매미충이다. 농약을 뿌려도 좀체 죽지 않은 갈색매미충이 거미줄에 걸려 꼼짝달싹하지 못하고 시커멓게 붙어있다. 유독 섬잣나무 가지 사이에 거미집이 많다. 보기 싫어 거미줄을 걷어내고 싶지만 갈색매미충을 자연스럽게 포획해주기 때문에 날씨가 추워질 때까지 그대로 두기로 했다.
 사다리차를 부르지 않고 비계를 설치하지 않고도 허공에 집을 짓는 거미는 자연을 꿰뚫어보는 안목을 가지고 있다. 허공에도 길지가 있기 마련이다. 볕이 잘 모이는 볕 골이나 바람이 지나가는 목이 좋은 곳에 집을 짓는다. 거미는 유능한 지관이다. 지관은 풍수지리설에 따라 집터나 묏자리 따위를 가려서 고르는 사람이다. 거미가 집터를 잡은 곳은 먹잇감이 잘 모이거나 지나가는 곳이기도 하다.

거미는 집을 지을 때 다른 이 도움을 전혀 받지 않고 혼자서 짓는다. 설계에서부터 시공에 이르기까지 모든 공정을 혼자 도맡아 한다. 그래서 만능 건축가일 뿐만 아니라 토목가이다. 집만 짓는 게 아니라 때로는 허공에 다리를 놓을 때도 있다. 꽤 먼 거리에 있는 나무와 나무 사이를 줄로 이어 현수교를 만들고 다리 중간쯤에 집을 짓는다. 이렇게 집을 지어 놓으면 걸려든 포획물이 풍부한 만큼 사람들 눈에 잘 띄어 위험에 처할 수도 있다.

거미는 청정지역에 주로 집을 짓는다. 불가피하게 농약을 해야 하는 고추밭에는 절대 집을 짓지 않는다. 이런 점에서 거미집은 전원주택인 셈이다. 요즘 무당거미가 눈에 띌 정도로 늘었다. 무당거미는 지름이 1미터 이상 된 큰 원형 집을 짓는다. 단층으로 집을 짓는 게 아니라 쌍으로 집을 짓는 것이 유행이 되었다. 이들이 쌍으로 집을 짓는 것은 포획량을 늘리고 집을 튼튼하게 하려는 의도일 것이다. 이런 의도로 만들었다 할지라도 쌍둥이 건물처럼 거의 비슷하게 지은 집은 정교의 극치에 이르고 있다.

거미는 주어진 환경이나 조건을 거스르지 않고 친자연적으로 집을 짓는다. 나뭇가지 사이가 넓은 곳은 넓은 대로 좁은 곳은 좁은 대로 굽은 곳은 굽은 대로 결을 따라 자연스럽게 건축한다. 집을 크게 지으려고 욕심을 부리거나 다른 거미가 지어 놓은 집 경계를 침범하는 일이 거의 없다. 집을 지을 때 이웃을 전혀 배려하지 않고 자기 욕심만 채우기에 급급한 우리 모습과 비교하면 흡사 공자와 같다. 오래전 전원에 집을 지으면서 속깨나 터지고 상했다. 절친한 지인 동생에게 공사를 맡겼는데도 애초 약속한 것을 자주 어겼기 때문이다. 집을 짓기 전 3년 동안 나름대로 공부하고 건축을 했지만 집을 짓고 나자 아쉬운 일이 한두 가지가 아니다.

집을 짓는 것도 중요하지만 짓고 난 후 관리하는 것도 중요하다. 목조주택은 나무가 썩지 않게 오일스텐을 칠해야 하고 철근콘크리트 구조는 빗물이 스며들지 않게 외벽에 방수액을 발라야 한다. 벽지가 오래되거나 결로현상이 생겨 곰팡이가 피면 보기 흉하기 때문에 새로 도배를 해야 한다. 때로는 못질을 해야 할 일이 생기거나 문손잡이가 고장 나 교체해야 할 때가 있다. 거미집도 마찬가지이다. 바람이 거세게 불거나 사람이 손을 대 집이 완파되면 다시 짓지만 일부가 파손되면 수리하여 계속 쓴다.

거미는 뛰어난 대목장이다. 우리 전통 한옥은 못질을 하지 않고 나무와 나무를 꿰맞춰 짓는다. 거미가 지은 집 역시 한 소재만 이용하여 못질을 하지 않고 짓는다. 거미가 지은 집은 대목수가 지은 한옥처럼 우아하다. 그것도 지상이 아니라 하늘에 지은 집이라 더 고고하다. 거미의 건축술을 습득하여 언어의 사원인 시를 지으면 얼마나 치밀하고 아름다울까.

(2015. 9. 13.)

검정 비닐봉투

집 앞에 있는 작은 가게에 들러 아이스크림을 사거나 철물점에서 나사못을 몇 개 사더라도 으레 검정 비닐봉투에 담아준다. 이뿐이 아니다. 노점에서 야채를 한 주먹 사거나 약국에서 하다못해 파스를 하나 사더라도 검정 비닐봉투가 등장한다. 봄날 호젓한 들길을 걷다가 길섶에 쑥이 올라온 것을 보고 쑥을 뜯은 경험이 한두 번쯤 있을 것이다. 담을 것이 없어 주변을 살피면 누군가가 새참 싸왔던 검정 비닐봉투를 논두렁 한쪽에 돌로 친절하게 눌러 놓고 간 것을 볼 수 있다. 이때 검정 비닐봉투는 쑥을 담을 수 있는 바구니 대역을 잘 해 낸다. 환경보호라는 명분으로 비닐봉투 사용하는 것을 규제하여 대형마트에 가면 검정 비닐봉투를 구경할 수 없다.

그러나 재래시장에서는 여전히 검정 비닐봉투를 많이 사용한다. 어물전에 들러 생선을 사면 적어도 비닐봉투 두세 장으로 겹겹이 싸고 묶어서 준다. 생선에 있는 물기와 비린내를 최대로 단속하기 위한 배려이다. 옷 가게에서 옷을 사면 고급스러운 쇼핑백 대신 역시 검정 비닐봉투에 담아 준다. 그래서 재래시장에서 물건 몇 개 사고 나면 누구든 양 손에 든 검정 비닐봉투가 주렁주렁 매달린 가지처럼 풍성해 보인다. 게다가 서로 몸을 비벼대며 속삭거리는 소리는 발걸음을 신나게 한다. 검정 비닐봉투 용도는 여기서 끝나지 않는다.

주점에서 혼자 막걸리를 마시던 주객酒客이 생각보다 배가 빨리 불러올라치면 미처 마시지 못한 것을 검정 비닐봉투에 담아 간다. 이 때 주객酒客이 휘청거리며 걷는 귀갓길을 검정 비닐봉투가 파리를 불러 동행한다. 파리가 맛을 느끼는 곳은 입이 아니라 발바닥이다. 파리는 앞발로 냄새와 맛을 느낀다. 우리가 몸을 지탱하거나 걸음을 걸을 때 사용하는 발바닥을 파리는 맛을 느끼는 용도로 사용하고 있는 셈이다. 이야기가 여기까지 이르다보니 검정 비닐봉투 용도가 불쑥 하나 더 떠올랐다. 큰 아들이 중학교를 졸업할 때 학교 체육관에서 졸업식을 하였다. 이 때 신발을 신은 채 검정 비닐봉투로 신발을 감싸고 식장으로 들어갔다. 검정 비닐봉투가 신발싸개로 변신한 것이다.

검정 비닐봉투 사용처 종점은 어디일까. 야구경기를 관람하다 갑자기 비가 쏟아지면 사람들은 머리에 비닐봉투를 뒤집어 쓴다. 봉투가 작아 어쩔 수 없는 선택일 수 있지만 머리를 우리 신체 가운데 가장 중요한 곳으로 생각하기 때문이다. 어머니를 모시고 시장에 가면 빼놓지 않고 들르신 곳이 비닐봉투 가게이다. 100장 단위가 한 묶음인 검정 비닐봉투는 크기에 따라 값도 차이가 있다. 어머니는 크기 별로 서로 다른 두세 종류 검정 비닐봉투를 사다 텃밭에 있는 농막에 보관하신다. 그리고 텃밭에서 자라는 야채를 오가는 마을 사람이나 이웃에게 검정 비닐봉투에 담아 건네주신다.

　어머니께서 야채를 싸 주신 검정 비닐봉투는 빈 봉투로 사라진 것이 아니라 다시 돌아오는 경우가 많다. 야채를 받은 사람들이 우리 집에서 기르지 않는 옥수수나 호박을 담아 되가져오기 때문이다. 때로는 검정 비닐봉투에 담겨 시내에 사는 두 처형 집으로 간 야채가 참외나 토마토로 변신해 되돌아오기도 한다. 이렇듯 검정 비닐봉투는 그런저런 물건을 담는 하찮고 싸디싼 것이 아니라 마음을 이어주는 다리이다. 텃밭에 흔하게 자란 야채를 담는 봉투에 머물지 않고 정을 담아 나르는 '정 택배사'이다.

　오늘 자정 무렵 귀갓길에 안골사거리에서 신호등에 걸려 멈춰 섰다. 낮에는 숨쉬기가 힘들 정도로 푹푹 찌더니 가로수 잎이 흔들릴 정도로 바람이 일었다. 그 바람은 심술궂게 잠든 잎을 깨워놓고 사거리 쪽으로 떼 지어 몰려왔다. 이때 검정 비닐 봉투 하나가 부르튼 다리를 절뚝거리며 파란 불빛을 따라 걸었다. 그동안 누구의 무엇을 담고 있다가 속 다 비워진 줄도 모르고 차도와 횡단보도 경계를 아슬아슬 걷고 있는 것일까. 아마 그가 신고 있는 양말을 벗기면 발바닥마다 무좀이 단단하게 걸렸을지 모른다. 그리하여 그가 살았던 오늘 하루가 근질근질했을 것이다.

집에 도착하여 발을 씻으려고 양말을 벗었다. 검정색 양말이 하루를 비워내면서 고단하게 옥실 입구에 힘없이 쓰러졌다. 무좀각질이 형광등 아래서 첫눈처럼 흩어졌다. 문득 하루 종일 내 발을 넣고 다녔던 검정 양말이 차도와 횡단보도 경계를 아슬아슬하게 건너던 검정 비닐봉투 같았다. 오늘 하루 차도와 횡단보도 같은 시간 사이를 얼마나 많이 넘나들면서 살았던가. 자정이 넘은 시간까지 하루 종일 내 발을 감싸주었던 양말을 다시는 보지 않을 사람처럼 사정없이 내동댕이치고 나니 좀 미안했다.

누군가의 무엇을 담고 있다가 누군가가 무엇만 쏙 빼 놓고 내버린 검정 비닐봉투나, 내 발을 감쌌던 검정 양말을 발만 쏙 빼 놓고 내동댕이친 것은 오십보백보 아닐까. 그동안 세상살이 하면서 무심코 내버린 검정색 비닐봉투나, 벗어 내동이친 양말 같은 사람은 없었을까. 검정색 비닐봉투와 검정 양말이 세상살이를 하면서 몸을 어떻게 하고 마음을 어디에 두고 살아야 할지 비밀번호를 알려준 하루였다.

(2015. 7. 26.)

눈 맑은 고라니에게

눈 맑은 고라니야!

간밤 엄마 손을 놓고 이 험한 차도로 뛰어나와 차에 치여 쓰러졌구나. 태어난 지 반년도 되지 않았을 것 같은데 엄마가 네 모습을 보면 얼마나 애통하겠니. 쓰러진 너를 길 한쪽으로 꺼내려고 서행했더니 뒤따르는 차들이 위협적으로 경적을 울려대 온몸에 닭살이 돋았다. 하도 험한 급커브 길이라 너도 차가 오는 것을 보지 못했겠구나. 겨울이면 바닥이 얼어붙어 교통사고가 많이 나고 빗길에 차가 미끄러진 것을 여러 번 보았단다. 교통사고다발지역인 셈이지. 네가 쓰러져 숨진 인근에 '야생동물 출현 빈발지역'이란 푯말이 서 있다. 그 푯말을 보지 못했지? 날이 캄캄해서도 그렇겠지만 사람들이 보기 좋은 곳에 세웠기 때문에 넌 도저히 볼 수 없었을 거야.

눈맑고야!

네 이름을 '눈맑고'라 부르고 싶다. 눈 맑은 고라니를 줄인 말. 쓰러진 네 몸은 축 처져 있었지만 네 눈은 참 맑고 깨끗했단다. 이름이 마음에 들지 않니? 네 눈이 어둔 밤에 차가 오는 것을 잘 보았다면 죽지 않았을 텐데. 우리 생각이 너무 짧았어. 네가 사는 마을 산 쪽을 향해 "위험. 건너지 마시오."라는 말 한 마디만 붙여놓았더라면 네가 조심했을 텐데 말이야. 네가 죽지 않았다면 지금쯤 엄마와 함께 저 눈 시리도록 푸른 여름 숲을 헤엄치며 죽순처럼 쑥쑥 자랐을 텐데. 미안하다. 너에 대한 배려를 쥐꼬리만큼도 하지 못해서. 그저 너희들이 급커브길에 자주 나타나니 운전할 때 조심해서 가라는 정도로 알았으니까. 아니 아예 그 말을 무시하고 가속페달을 일상적으로 밟고 속도를 살인적으로 냈으니까.

눈맑고야!

네 부모는 지금쯤 곡기를 끊고 널 찾으러 사방팔방을 찾아 돌아다니고 계실 거야. 물론 경찰서에 실종신고를 했겠지. 신고를 받은 경찰은 널 심하게 혼낸 적이 있냐고 물을 거야. 네가 가출했으리라 생각하고. 네 엄마, 아빠가 평소 길을 절대 건너지 말라고 하셨지? 네가 듣기에 잔소리 같지만 어른들이 하신 말씀은 생존과 직결된 것이 많단다. 너만 할 때 호기심이 발동하는 것은 당연하단다. 그러나 호기심 뒤에는 깊고 낮은 허방이 늘 존재한다. 낮은 허방에 빠지면 누군가에게 도움을 받을 수 있지만 깊은 허방에 빠지면 도움을 받을 수 없다. 특히 죽음이라는 허방에 빠져 살아온 분은 예수님이 유일하시다.

눈맑고야!

네가 세상에 태어나 잊을 수 없는 최고 순간은 언제였니? 태어나자마자 엄마가 젖을 물린 순간이라고. 그래, 그랬구나! 그때 우주 깊숙한 곳에서 뜨겁고 부드러운 것이 네 심장으로 빨려 들어갔지? 네 심장으로 빨려 들어간 뜨겁고 부드러운 것이 네 엄마의 사랑이었단다. 이 세상에서 가장 큰 불효가 부모보다 먼저 세상을 뜬 것이다. 그래서 넌 지울 수 없는 불효를 저지른 거야. 자식을 먼저 하늘나라로 보낸 아픔을 겪은 부모 심정이 어떤지 아니? 네 부모는 지금 이 순간에도 네가 죽었으리라고는 꿈에도 생각하시지 않으실 거야. 설령 네가 차에 치여 쓰러진 것을 보셨더라도 네가 어딘가에 살아 있으리라고 단단히 믿고 계신단 말이야. 산 자식은 가슴에 품고 살고 죽은 자식은 가슴에 묻고 사는 게 부모 마음이니까.

눈맑고야!

네 부모에게 네 소식을 전해줄게. 네 행방을 제대로 알아야 하지 않겠니? 기다림이 너무 무작정 길어지면 병이 된단다. 어차피 네 소식을 알더라도 병이 생기겠지만 이왕 가슴에 묻을 것 하루라도 빠르면 좋지 않겠니? 세상에서 가장 무서운 병은 암이 아니라 병명을 모르는 병이란다. 네 소식을 알지 못하고 보낼 시간이 얼마나 길고 캄캄한 터널 같겠니. 차가 뜸한 시간에 너를 잘 수습하여 네 부모를 만나러 가겠다. 네 장례식에도 참석하마. 경찰이 찾아와 어떻게 된 일이냐고 물으면 있는 그대로 이야기해줄게. 교통사고로 네가 쓰러져 있었다고. 가해자는 누군지 알 수 없다고. 내가 혐의를 뒤집어쓰면 어떻게 하냐고? 세상이 아무리 불신을 뒤집어쓰고 있다 할지라도 진실과 진실은 서로를 알아보는 눈을 가지고 있는 법이야. 고맙다. 너는 이런 상황에서도 날 걱정하고 있구나. 어린 네가 나보다 생각이 훨씬 깊고 넓다. 부끄럽다.

눈맑고야!

네가 살았을 때 이렇게 오순도순 이야기할 수 있는 기회가 있었으면 좋았을 텐데. 그동안 너라는 존재 자체를 내 관심 안으로 들여놓지 않았어. 미안하다. 차가 없고 교통사고가 없는 고요한 세상에서 다디달고 깊은 잠에 푹 빠지렴. 그 세상에는 급커브 길도 없고 과속하는 운전자도 없을 거야. 이별은 물론이고. 그곳에 가면 우리 두 딸도 새근새근 잠자고 있을 거야. 혹 만나거든 아빠가 무척 보고 싶다 하더라고 전해주렴. 잘 자라. 안녕.

(2015. 8. 10.)

돋보기와 색안경

 책을 보거나 컴퓨터 모니터를 볼 때 돋보기안경을 낀 지 오래 되었다. 다른 사람보다 노안이 빨리 온 탓에 돋보기를 남들보다 먼저 착용했다. 돋보기를 서재, 연구실, 작업실, 차에 비치해두고 쓰기 때문에 여럿이다. 요즘 유별스럽게 안과에 자주 들른다. 방학에 나름대로 글을 쓰고 책을 본답시고 컴퓨터 앞에 앉아 있는 시간과 책 보는 시간이 늘면서 눈이 부시고 눈물이 자주 흘러내린다. 의사 선생님 말에 따르면 안구건조증과 결막염이 심하다고 했다. 주 원인이 컴퓨터 때문이라고 했다.
 교회에서 예배를 드릴 때 주책없이 눈물이 난다. 목사님 설교 말씀에 은혜를 받고 나온 것이 아니라 천장에 매달린 전등 때문에 눈이 부셔 나온 눈물이다. 이런 사실을 알 리 없는 대다

수 교인은 예배가 끝나면 눈물 흘리는 내 모습을 보고 은혜를 받았다고 한마디씩 한다. 사실 난 눈물이 많다. 학교에서 드리는 예배시간에 복받치는 눈물 때문에 민망할 때가 종종 있다. 가난이나 부모에 대한 이야기, 장애인 주일에 드리는 예배, 자녀에 관한 아픔과 관련된 설교를 들을 때면 저수지처럼 갇혀 있던 눈물이 한꺼번에 터져 나온다. 그래서 교직원이나 학생들에게 '울보'란 별명을 얻었다.

돋보기를 끼고 책을 읽거나 글을 쓰면 금방 눈이 피곤해진다. 돋보기를 끼지 않고도 책을 잘 보고 글을 잘 쓸 수 있었을 때, 좀 더 읽고 더 많이 쓰지 않았던 것을 요즘 가장 많이 후회한다. 계절이 순환하면서 찰나같이 흐르는 시간 속에 오묘하게 시시때때가 존재한다. 텃밭에 심고 거두는 사소한 작물도 한순간을 놓치면 낭패를 본다. 씨를 뿌려야 할 때를 조금이라도 놓치면 생육이 불량하다. 그때를 미리 앞당겨도 마찬가지다. 부모님께서 다른 해보다 고추 묘를 며칠 빨리 심으셔서 서리를 맞고 냉해를 입었다. 참깨를 수확하는 것도 마찬가지다. 깨 터는 일을 조금만 늦추면 깨가 봉선화 씨 터지 듯 공중분해 되고 만다.

강의실에 강의하러 갈 때 반드시 돋보기를 챙겨간다. 돋보기가 없으면 출석 부른 것도 힘들고 학생들이 쓴 리포트를 공개 첨삭하기 어렵기 때문이다. 대학 다닐 때 노 시인 교수님께서 돋보기와 일반 안경을 번갈아 끼시며 강의한 모습이 떠오른다. 그 시절에 일반 안경으로 보는 세상과 돋보기로 보는 세상은 어떻게 다를지 궁금했다. 이런 궁금증은 "너희들도 나이 먹으면 다 이렇게 된다. 잘 보일 때 책 한 권이라도 더 읽어라."고 독서를 강조하시는 충고에 묻혀 질리고 말았다. 돋보기와 일반 안경을 번갈아 끼며 강의하다보면 너무 불편하다. 수업이 끝나면 머리가 지근지근 아프다.

 스마트 폰을 볼 때는 맨눈으로 보는 게 더 낫다. 돋보기를 끼면 글씨가 흐릿하게 보이기 때문이다. 안경은 우리 시력과 밀접하게 관련이 있다. 시력은 물체가 생긴 형태를 분간하는 눈이 가진 능력이다. 시력이 나쁘면 안경을 통해 교정하여 밝게 볼 수 있다. 그러나 사물이나 현상을 바라보거나 파악하는 각도나 입장을 일컫는 시각은 안경을 끼고 교정할 수 없다. 어떤 사물이나 대상을 바라보는 관점은 다양하고 다를 수 있다. 그런데 자신과 생각이 다른 것을 틀린 것으로 이해하는 사람이 많다. 자신과 다른 의견에 대해 편협한 시각에서 벗어나 폭넓은 관점을 가져야 서로 소통하고 문제를 원만하게 해결할 수 있다.

 색안경은 선입견이나 감정에 치우친 관점을 비유적으로 이르는 말이다. 우리는 나이를 먹으면서 노화를 겪는다. 이 과정에서 신체적 기능뿐만 아니라 뇌 기능도 퇴화한다. 시력이 떨어지는 것은 안경이나 돋보기를 쓰고 어느 정도 해결할 수 있다. 문제는 색안경을 끼고 사람과 사회를 보는 편견이나 고정관념이다. 운전할 때 선글라스를 쓰지 않으면 눈이 부셔 눈이 금방 피곤해진다. 그런데 터널 속으로 들어가면 대낮에도 앞이 너무 캄캄해 운전하는데, 오히려 방해가 되어 사고를 일으킬 수도 있다. 이렇듯 색안경을 끼면 사물을 제대로 인식할 수 없다.

생각이나 사고 역시 마찬가지다. 우리 생각이나 사고에 색안경을 씌우면 어떤 대상을 공정하고 객관적으로 볼 수 없다. 나무를 나무로 보지 않고 숲을 숲으로 보지 않는다. 물을 물로 보지 않고 바다를 바다로 보지 않는다. 남북평화를 친북으로 왜곡시키고 인류애를 종북으로 굴절시킨다. 우리 사회에 잘 보이지 않는 것을 돋보기를 쓰고 바라볼 줄 아는 세심한 배려가 필요하다. 아울러 진실을 왜곡하고 호도하는 색안경은 벗어야 한다.

(2015. 8. 17.)

돌

　교통사고를 당해 불편해진 몸을 건조대에서 걷은 빨래처럼 침대에 널어두거나, 소파에서 빈둥거리며 시간을 보내고 싶지 않아 아침 일찍 산책을 했다. 제법 쌀쌀한 바람이 상쾌하게 다가왔다. 산은 한 발짝도 움직이지 못하는데, 산허리마다 요즘 부쩍 잦게 걸린 안개가, 서로 몸을 섞여 식기에 다닥다닥 붙은 흰 쌀밥처럼 찰지다. 여전히 뒷목이 묵직하고 통증이 도사리고 있는 허리가 걸음을 뗄 때마다 송곳으로 쑤시는 것처럼 아프다. 화심소류지를 향해 걸어가다가 길 한 가운데 예전에 보지 못한 돌멩이를 하나 발견했다. 몸이 온전한 날 같았으면 등산화 콧날로 중심을 겨냥하여 발길질을 한 번 신나게 했을 텐데, 그럴 형편이 못 되었다.

그 돌은 온몸에 흙을 뒤집어쓰고 주먹 반 정도 크기에 제법 둥근 모습이었다. 그냥 지나치려는 순간 로드 킬을 당한 짐승처럼 애잔하게 보였다. 돌을 주우려고 몸을 숙이자 허리에 있던 통증이 다리 쪽으로 내려왔다. 앉듯이 자세를 낮춰 돌을 집었다. 돌에 묻은 흙을 털고 물에다 씻었더니 생각했던 것보다 더 작고 둥그스름했다. 그 돌이 살았던 고향은 길 위쪽에 있는 철쭉 밭이었다. 풀을 매던 옆 동네 김 씨 아저씨 부부가 호미 끝에 걸려나온 것을 길로 내던진 것이다.

돌을 손바닥에 올려놓고 한 번 굴리자 그가 살아온 이력이 보였다. 그는 나락농사 지은 것으로 명절 때나 제삿날이 되어야 식구들 쌀밥 한 끼 정도 먹고, 죄다 수매하여 조합 빚을 갚아야 하는 가난한 집 논바닥에 탯줄을 잘랐다. 세상에 돌로 처음 태어났을 때는 제멋대로 생기고 편평했다. 소가 쟁기질을 할 때마다 소 발굽에 밟혀 갈비뼈가 부러지거나 보습에 걸려 온몸이 상처투성이가 되었다. 어떤 해는 모내기를 하려고 써레질을 하던 주인 발끝에 발각되어, 논둑을 파헤친 두더지 구멍으로 감금되기도 했다. 이때 주인은 자신보다 몇 배 큰 돌로 온몸을 내리쳐 두더지 구멍 속으로 밀어 넣었다.

이때 반쪽이 되었다. 나락 농사짓는 것이 예전 같이 않아 하나하나 논을 묵혀두기 시작했다. 뼈빠지게 나락농사를 지어봤자 비료와 농약비, 트랙터 사용료를 주고나면 별 볼일 없는 장

사였기 때문이다. 그래서 나락농사 대신 너 나 할 것 없이 나무 묘목을 심었다. 특히 철쭉을 많이 심었다. 몇 해 전만 해도 우리 지역은 철쭉 생산량이 전국에서 가장 많아 '철쭉의 고장'이라는 명성을 얻었다. 주야로 기온차가 심하고 겨울 기온이 시내와 두 배 정도 차이가 난다. 그래서 전국 어느 곳이나 우리 지역에서 기른 철쭉을 심어도 활착률이 높아 인기가 있다.

이렇게 논이 철쭉밭이 되면서 돌이 처한 운명도 바뀌었다. 늘 논물에 잠겨 나락이 커가는 소리를 듣거나, 두더지 똥내를 맡고 살았던 돌은 철쭉밭에서는 덩달아 꽃나무처럼 살았다. 호미로 잡초를 매는 사람한테 들키지만 않으면 밭에서 쫓겨날 일이 없었다. 철쭉은 묘목을 한 번 심으면 출하할 때까지 땅을 깊게 파헤칠 일이 없어, 적당한 곳에 몸을 숨기고 있으면 안전했다. 다만 몸이 호미 날에 찍힐 때마다 아프다는 것을 내색하지 못했다. 이러는 사이 편평하고 뾰쪽했던 몸이 둥글둥글해지기 시작했고 몸속에 철쭉 지문이 새겨졌다.

돌을 자세히 들여다보자 그것은 딱딱한 돌멩이가 아니라 꽃이었다. 그것도 한 송이가 아니라 여러 송이 철쭉이 군집하여 피어 있었다. 아무리 아름다운 꽃이라 할지라도 한 송이만 달랑 피어 있으면 꽃도 외로워 보인다. 수많은 시간 동안 철쭉밭에서 철쭉과 함께 살면서 철쭉을 닮은 것이다. 이틀 후면 백로이다. 이제 밤으로 기온이 더 내려가고, 대기 가운데 수증기가 엉켜서 풀잎에 이슬이 맺혀 가을 기운이 완전할 것이다. 봄에 피는 철쭉을 가을이 오는 길에서 보았으니 횡재가 아닐 수 없다.

  돌을 호주머니에 집어넣고 귀가하였다. 현관으로 들어가는 정원 양 옆에 심은 소국들이 쌀만큼 눈을 떴다. 보름 정도 있으면 튀밥 튄 것처럼 커진 꽃을 보고 이장 집 꿀벌들이 떼로 몰려올 것이다. 호주머니에서 꺼낸 돌을 꽃이 만발한 백일홍 분재 화분에 올려놓았다. 언제 날아왔는지 큰줄흰나비 한 마리가 돌 위에 앉아 날개를 접었다 펼치면서 바람에 꽃처럼 나풀거렸다.

(2015. 9. 6.)

매미에게

매돌아!

넌 남자 매미니까 이름을 매돌이라 부르기로 했다. 어둡고 캄캄한 땅속에서 7년 동안 굼벵이로 살다 지상에서 날개를 달고 7일간 울기만 하다 세상을 등진 네 삶은 행복했니? 네 애절한 구애를 받아 준 여자라도 있었니? 오늘 강의동으로 올라가는 길에 나무 계단에 쓰러진 네 시신을 보았다. 검정 정장을 입은 수많은 개미가 줄을 서서 문상하였고 꿀벌은 여름 꽃을 분주하게 물어 와 네 주위를 꽃향기로 장식하였다.

이 세상에 전 생애를 구애하는 데 다 보낸 이가 있을까? 그것도 밤낮 쉬지 않고 곡을 하면서 피를 토한 이가 있을까? 세상사 람 대부분은 보는 순간 서로 반하고 반하는 순간 사랑하다, 유통기한이 다 되면 사랑을 마치 음식쓰레기 통에 버리는 상한 음식처럼 취급하기 일쑤다. '청마' 유치환 시인이 '정운' 이영도 시인에게 20년 동안 5,000여 통에 이르는 시와 편지를 보낸 일화 알고 있니? 60년을 산 생애 가운데 20년 동안 연서를 거의 보냈으니, 네가 전 생애를 바친 것에 비하면 비율은 적지만 시간적으로는 비교할 수가 없잖니. 너는 불특정다수에게 구애를 했지만 '청마'는 오직 '정운' 한 사람에게만 했다.

아니, 불특정다수란 말은 취소하마. 혹 네가 절실하게 사랑한 이에게 이미 다른 사람이 있다 할지라도, 사랑한 것 자체를 행복하게 여겨라. '청마' 유치환이 '정운' 이영도에게 보낸 「행복」이란 시 기억하니? "사랑하는 것은／ 사랑을 받느니보다 행복하나니라／ 오늘도 나는／ 에메랄드빛 하늘이 환희 내다뵈는／ 우체국 창문 앞에 와서 너에게 편지를 쓴다／ (중략)／ 사랑하는 것은／ 사랑을 받느니보다 행복하나니라／ 오늘도 나는 너에게 편지를 쓰나니／ 그리운 이여 그러면 안녕／ 설령 이것이 이 세상 마지막 인사가 될지라도／ 사랑하였으므로 나는 진정 행복하였네라." (유치환, 「행복」) 어떤 이를 사랑하는 것은 상대가 어떤 반응을 보이든 사랑하는 것 자체로 행복하다는 것이다.

사랑을 완성하려면 일방적이 되어서는 안 된다. '청마'는 오랫동안 일관되게 '정운'의 마음을 파도가 되어 두드렸지만, 묵묵부답이었다. "파도야 어쩌란 말이냐／ 파도야 어쩌란 말이냐／ 임은 물 같이 까딱 않는데/ 파도야 어쩌란 말이냐 /날 어쩌란 말이냐."(유치환,「그리움」) '정운'이 화답하듯 쓴 시「탑」을 소개하마. "너는 저만치 가고/ 나는 여기 섰는데/ 손 한 번 흔들지 못하고/ 돌아선 하늘과 땅/ 애모는 사리로 맺혀/ 푸른 돌로 굳어라." 유부남 '청마'와 과부인 '정운'은 전통적인 가치관으로 인해 현실 속에서 이루지 못한 사랑을 문학적으로 승화시켰다.

 완성이든 미완성이든 누군가를 사랑하는 마음을 가진 순간 시인이 된다. 네 사랑을 완성하였는지 완성하지 못했는지 알 길 없지만, 넌 분명히 전 생애를 시인으로 살다 갔다. 네가 쓴 시가 네 마음속에 있는지 육필 원고로 어느 곳에 남아 있는지 알 길 없다. 그러나 먼 훗날 네 마음에 화석처럼 남은 시나 육필 원고를 발견하면 이런 시를 쓰지 않았을까. "내 생애 그대 전부였고/ 내 생각 모두 그대였다/ 내 노래 전부 그대였으니/ 내 죽어서도 그대가 전부니라."

 세상 사람이 사는 곳에 속담이란 게 있다. 이 가운데 "정승이 죽으면 문상객이 없고 정승 말이 죽으면 문상객이 인산인해"란 말이 있단다. 염량세태炎涼世態를 일컫는 말로 힘이 있을 때는 아첨하여 좇고, 권세가 없어지면 푸대접하는 인간 세상에 유행하는 야속한 인심을 가리키는 말이다. 네 장례식에 참석한 수많은 문상객을 보니 이 말은 너와 상관없는 것 같다. 여름 숲은 네 동료들이 애도하는 소리로 서럽도록 푸르다. 개미는 슬픔을

뼈에까지 검게 새기며 장례를 치른다. 꿀벌은 여름 꽃으로 만든 화환을 조각 맞추듯 세우고 있다.

  평생을 사랑하다 죽은 이 죽음은 이렇게 외롭지 않고 따스할 수 있을까. 전 생애를 사랑하다 미련 없이 떠나는 이는 죽어서도 시로 남지 않을까. 네 장례를 보면서 문득 목 놓아 울고 있는 네 동료들의 울음이 연시처럼 들려온다. 이 풋시인은 그 비유와 상징을 해독하려고 오감의 문을 열고 푹푹 찌는 폭염을 온몸으로 맞아들이고 있다.

(2015. 8. 10.)

여름 숲

　숲에 들어서자 초록 채반 같은 나뭇잎들이 땡볕을 담느라 분주하다. 숲 밖에서 자지러지게 울던 매미울음 소리가 먼 나라 이야기처럼 아득하게 들린다. 입추에다 말복이 지나고 칠석이 며칠 남지 않았다. 오랜 가뭄에도 계곡을 길 삼아 흐르는 물줄기 쪽으로 나무들이 손을 길게 뻗어 갈증을 달래고 있다. 계곡 주위에 있는 마을에 사는 잎은 확연히 푸르러, 그들 이름을 새긴 주민등록등본은 다른 마을에 사는 것보다 더 파랗다. 풀은 주소를 구분하지 않고 나무 그늘 아래서도 제 키를 서슴없이 키운다.
　여름 숲은 녹음으로 풍부하다. 녹음은 뭇 생명을 따스하게 품어준다. 고라니는 사람들이 사는 마을까지 내려가지 않고도 하루 세끼를 해결할 수 있다. 나무 그늘에서 사람들 눈을 피해

자란 취나물이나 고사리는 근육이 채 단단해지지 않아 그들에 겐 진수성찬이다. 고라니가 싼 똥을 먹잇감으로 착각한 다람쥐가 코를 막고 부리나케 달아난다. 아랫마을 참깨밭을 서리하고 돌아온 산비둘기들이 가쁜 숨을 몰아쉬며, 이마에 흐른 땀을 닦아내자 푸른 숲이 잠시 파도처럼 술렁거렸다.

여름 숲이 고요해졌다. 수꿩이 굵은 붓으로 선을 긋듯 날자 암꿩 서너 마리가 뒤를 따랐다. 잠시 고요해졌던 숲이 이들의 보행으로 잠깐 소란해졌다가 깊은 적막에 빠졌다. 낮잠에서 깨어난 매미가 마음이 다급해졌다. 아직 제 짝을 찾지 못해 구애의 노래를 다시 불러야 할 판이다. 자존심을 버린 지 오랜 매미들이 일제히 합창을 했다. 그들이 부른 노래는 테너와 베이스만 있다. 그들은 소프라노와 알토로 부른 답가를 들어야 노래를 멈출 것이다. 적막이 깨지면서 매미들이 부르는 합창으로 여름 숲이 생동감이 넘친다.

여름 숲은 팍팍하지 않고 유연하다. 바람이 불면 나무들은 일제히 바람 부는 쪽으로 누워 바람 길을 낸다. 바람과 맞서봐야 다툴 일만 생기기 때문이다. 나무는 바람과 다퉈봐야 자신이 다치거나 상처를 입는다는 것을 잘 안다. 바람 앞에서 나무는 일관되고 통일된 자세를 취한다. 숲에서 여러 세대에 걸쳐 살아오면서 대대로 터득한 생존법칙이자 공생에 대한 원리이다. 바람이 지나가도록 자신을 눕혀 길을 내 주는 것, 바람 발자국에 짓밟히고 짓이겨져도 풀처럼 우뚝 일어서는 끈질김이 여름 숲이 지닌 덕성이다.

 여름 숲은 결속된 힘이다. 나무 한 그루, 풀 한 포기, 바위 한 개가 서로 분리되어 있으면 볼품없고 연약하기 그지없을 것이다. 이 모든 것들이 서로 엮이고 결집되어 여름 숲은 거대한 우주를 형성하고 있다. 자신만을 고집하지 않고 상대를 인정하고 상대가 있는 자리를 존중한다. 키 큰 나무는 허리를 굽혀 키 작은 나무 머리를 쓰다듬어 주고, 키 작은 나무는 키 큰 나무를 보고 꿈을 키운다. 바위는 바위끼리 등을 맞대고 서로에게 비빌 언덕이 되어주고 제 몸에 이끼를 불러들여 머물게 한다.

 여름 숲은 어머니 품이다. 미우나 고우나 자기 안에 있는 모든 것을 공평하게 품는다. 개미, 풍뎅이, 사슴벌레, 나비, 지렁이, 굼벵이, 산비둘기, 꿩, 다람쥐, 토끼, 고라니, 멧돼지, 버섯, 나무, 풀, 물에 이르기까지 어느 것 하나 편애하지 않는다. 여름 숲에 들어서면 마음이 편해지고 이런저런 걱정이 사라진다. 어린 아이처럼 투정을 부리고 어릿광을 피워도 숲은 말없이 미소를 지으며 다 들어준다. 여름 숲은 언제나 넉넉하고 너그럽다. 더 줄 것이 없어 늘 아쉬워하고 다 주고도 부족하다고 여겨 늘 미안해한다. 결핍으로 인한 허기보다 퍼내고 비워내도 다시 차서 넘쳐흐르는 옹달샘이다. 어머니 품이 안식처이자 안전지대이듯 많은 생명이 숲에 제 몸을 맡기고 쉬거나 깊은 잠에 빠진다.

여름 숲은 평화이다. 적어도 이기를 앞세우거나 자신만을 중심에 두려고 다투지 않는다. 볕이 잘 든 곳은 볕이 잘 드는 대로 볕에 익숙해진 생명이 자라고, 볕이 잘 들지 않는 곳은 그곳에 걸 맞는 생명이 각자 제 형상대로 산다. '내 것 네 것'을 따지거나 싸움질 하지 않고 '우리'라는 한 지붕 아래 오랜 이웃이 되어 함께 더불어 산다. 풀잎은 곤충이나 산 짐승에게 제 몸을 내어줄 줄 알고 상수리는 일부러 제 몸을 숨기려 하지 않는다. 오히려 다람쥐나 멧돼지 눈에 잘 띄는 곳에 몸을 순순히 내어 놓는다. 다람쥐나 멧돼지에게 발각되지 않는 것은 안도하지 않고 제 스스로를 흙으로 만들거나 뿌리를 내려 나무가 된다.

여름 숲은 자신을 필요로 하는 이에게 아낌없이 자신을 바친다. 호미질을 하다 호밋자루가 빠진 아낙에게 자기 신체 가운데 일부를 내 줘 호밋자루가 된다. 노모가 앓는 천식을 고치려고 산 도라지를 캐러 온 이에게는 보랏빛 꽃을 피워 도라지 행방을 알린다. 폭우로 처마가 내려앉은 못 사는 마을에 사는 가장에게 자기 척추를 내어 준다. 그리하여 그 집에 사는 식구들이 비를 맞지 않게 해준다. 여름 숲은 어떤 조건을 내세우거나 차용증을 쓰게 하지 않고도 원하는 것을 그냥 준다. 여름 숲이 만든 커다란 그늘이 예고 없이 쏟아지는 소나기에 척척하게 젖어 시원스럽다. 비 맞은 여름 숲이 든든한 배경으로 선명하게 서 있다.

(2015. 8. 18.)

조선낫

우리 집 입구 30여 미터는 밭둑이다. 밭주인이 어쩌다 한 번 밭에 들르면 한 시간도 진득하게 있지 않고 가버린다. 아래 밭주인은 자기 밭은 잘 정리하는데 인도 쪽은 풀 한 포기 뽑지 않고 방치해둔다. 그래서 여름이면 잡초와 덩굴이 길까지 내려와 보기도 흉하고 차가 지날 때마다 거추장스럽게 걸린다. 아홉 해 전에 이사한 이래 이웃이 몇 있지만 지금까지 아버지와 내가 풀을 베고 정리해왔다. 예초기로 하면 금방 할 수 있는 분량이지만 낫으로 일일이 베면 꽤 시간을 잡아먹는다. 풀이 자랄 대로 자라 도깨비가 나올 것 같이 생겼는데도 어느 한 사람 풀을 베는 사람이 없었다. 아버지께서 한창 고추와 참깨를 말리시느라 여유가 없으신 데다 나 역시 바빠서 신경을 쓰지 못했기 때문이다.

도저히 눈뜨고 볼 수 없어 좀 일찍 일어나 낫을 찾았다. 창고 연장함에 왜낫과 조선낫이 몇 자루 있었다. 왜낫은 날렵하고 예리하게 생겼지만 조선낫은 미련스럽고 굼뜨게 생겼다. 조선낫은 날이 두껍고 슴베가 길고 예리하여 손잡이에 직접 박아 사용한다. 그래서 슴베가 빠지지 않도록 낫자루에 놀구멍을 꿰어 박는 쇠못인 낫놀이 필요 없다. 이에 반해 왜낫은 슴베로 휘어넘어가는 덜미의 두꺼운 부분인 낫공치를 손잡이에 박은 뒤, 낫놀로 고정하고 낫갱기를 둘러 감는다. 이런 탓에 조선낫을 오래 쓰면 손잡이가 잘 빠진다. 이에 비해 왜낫은 손잡이는 잘 빠지지 않지만 날이 쉽게 망가진다.

밭둑에 돌이 많아 조선낫 한 자루를 꺼냈다. 조선낫은 때와 장소를 가리지 않고 막 사용해도 낫날을 숫돌로 갈아 쓰면 잘 든다. 최근에 쓰지 않은 탓에 녹이 많이 슬어 있었다. 수돗가에 가서 숫돌을 삽 손잡이에 고정시키고 낫을 갈았다. 낫 가는 소리를 들은 옆 산 소나무들이 몸을 떨기 시작했다. 예부터 숫돌로 낫을 갈면 소나무가 운다고 했다. 땔감이 귀하던 시절 마른 나무를 하지 못하면 생소나무 가지라도 베어다 아궁이에 집어넣어야 입에 풀칠이라도 할 수 있었기 때문이다. 시골에서 자랐지만 숫돌로 낫을 갈아보지 않아 낫 가는 폼이 어설프고 어쭙잖았다. 낫질도 역시 마찬가지이다.

요즘 철물점에서 파는 조선낫은 대부분 중국산이 많다. 우리 집에 있는 조선낫은 할아버지 때부터 쓰시던 것이다. 아버지께서 할아버지를 회상하시려고 간직하시는 소품 가운데 하나이다. 집에 나락을 베는 날 할아버지께서는 이른 새벽에 일어나셔서 삽 손잡이에 반달처럼 휜 숫돌을 꽂으시고 낫을 가셨다. 숫돌에 물을 뿌리시고 낫 양날을 숫돌 결을 따라 정성스럽게 간 다음, 엄지손가락으로 파랗게 선 날을 점검하셨다. 예리하게 선 날에 손가락을 대면 손이 베일 것 같아 놀랐지만, 할아버지 손가락은 희꺼먼 숫돌물만 묻을 뿐 멀쩡했다. 어깨너머로 본 기억을 떠올려, 숫돌질을 한 낫날을 엄지손가락으로 살짝 문질렀다. 순간 몸에 전류가 흐르는 것처럼 오싹했다.

여름내 묵혀 둔 밭둑은 온갖 풀과 달맞이꽃, 환삼덩굴, 오가피덩굴이 한데 엉겨 낫질하는 게 녹록하지 않았다. 환삼덩굴은 면장갑에 찰싹 달라붙어 떨어지지 않았고, 오가피덩굴 가시는 인정사정 보지 않고 닥치는 대로 내 몸을 찔러댔다. 허리통이 꽤 굵어진 달맞이꽃은 원하는 곳을 빗나가기 일쑤였다. 풀이라 생각하고 힘껏 잡아당겼는데 철사나 이물질이 걸려 오발탄이 될 때도 많았다. 이런 상황에서도 낫질 초짜가 당당하게 낫질을 할 수 있었던 것은, 낫이 조선낫이었기 때문이다. "서툰 목수 연장 탓한다."거나 "일 못 한 사람이 연장 탓한다."는 말이 있다. 그런데 낫에 대한 믿음이 낫질에 대한 자신감을 주었다.

조선낫은 단순한 농기구가 아니다. 힘들고 어렵게 사는 백성의 밥줄이었다. 이슬이 눈곱을 채 털지도 않은 아슴푸레한 새벽, 꼴망태에 조선낫 한 자루를 꽂고 나서면 살림밑천이자 머슴인 소꼴이 한 짐 되었다. 조선낫은 외세에 맞서 민족자존을 찾으려는 민중을 단합시킨 끈이었다. 힘 있는 사람이 저지른 불의에 맞서 정의를 세우려는 민중의 날선 힘이었다. 조총을 든 일본군을 우리 의병은 조선낫을 들고 싸웠다. 칼을 든 관군에 맞서 우리 농민군은 낫과 죽창을 들고 대항했다. 이런 조선낫이 예초기와 왜낫에 밀려 사라지고 있다. 낫만 사라지는 것이 아니라 조선낫의 정신까지도 사라지고 있다. 조선낫은 어떤 상황을 핑계 삼거나 힘에 굽히지 않는 정신을 가지고 있다.

한 시간 이상 땀을 흘리며 낫질한 결과 길이 훤히 가르마 났다. 조선낫이었기 때문에 가능한 일이다. 예초기가 있다할지라도 돌이 많아 예초기를 돌릴 수 없었다. 만약 왜낫으로 풀을 베었다면 날이 몇 자루 날아갔을 것이다. 몸이 땀으로 흠뻑 젖어 지금도 강대국 눈치보느라 급급한 나라 백성으로 살면서 조선낫에 깃든 정신을 되새김하였다. 조선낫은 우리 밥줄이자 민족자존을 지키는 힘이고 정의를 지켜 온 날[刀]이다.

(2015. 8. 22.)

주행연습 중

 주일 아침, 군 소재지에 살면서 시내에 있는 교회에 가려면 일찍부터 서둘러야 한다. 요즘 독한 피부약을 먹어서 그런지 몸과 마음이 따로 논다. 조금만 더 조금만 더 하다가 교회 가는 시간이 늦어졌다. 원활했던 차량 흐름이 시내에 들어서자 꽉 막혔다. 전고 사거리에서 오목대 방향은 한옥을 찾는 관광객으로 인해 주말과 주일엔 주차장이나 다름없다.
 꽉 막힌 찻길, 바로 앞 차 뒤에 "주행연습 중"이라고 붙인 표지를 보고 파안대소하며 웃었다. 운전자는 초보운전도 아니고 왕초보란 말도 아닌 주행연습 중이란 말을 어떻게 끌어다 놨을까. 그가 가진 번뜩이는 남 다른 상상력에 절로 고개를 숙였다. 예배시간을 맞추기는 이미 글렀고 주행연습 중이란 푯말을 이

정표 삼아 주행연습 하듯 운전을 했다. 서문교회 사거리에서 차가 많이 밀려 두 번째 신호를 겨우 받았다.

오래전 운전면허증을 따던 때 기억이 되살아났다. 한 달 가까이 코스 꺾는 연습만 하고 시험을 치르러 갔다. 운전면허학원 인솔자가 밑져봐야 본전이라며 코스도 경험 삼아 보라고 하였다. 코스 연습을 단 하루밖에 하지 않은 상태에서 시험을 치르는 게 자신이 없어 주저하다, 앞 사람들이 하는 것을 보고 시늉을 냈다. 그런데 합격이라는 부저가 울려 내 귀를 몇 번 의심했다. 운전면허증을 딴 게 아니라 줍다시피 하고서 곧바로 주행연습에 들어갔다.

운전면허증을 너무 손쉽게 따다보니 운전을 우습게 여겼다. 3일 동안 주행 연수를 받으면서 교사에게 가르치는 대로 하지 않고 제멋대로 한다고 호되게 꾸지람을 들었다. 새 차를 구입한 날 차 뒤에 초보운전이란 표지를 붙이고 주행연습을 한답시고 시내로 나왔다. 주변에서 시끄럽게 경적을 울려대고 심지어 육두문자까지 날리는 사람이 많아 천박한 시민의식을 흉보았다. 그런데 초보운전자면 초보운전자답게 운전해야 하는데 용기가 너무 과했다.

결국 신호등에 걸려 서 있는 택시를 보고 브레이크를 밟아 차를 세운다는 것이 가속페달을 밟아 부딪치고 말았다. 차를 구입하여 운전한 첫날 교통사고를 내고 보험에 가입한 지 하루

만에 사고를 낸 운전자는 나 말고 아마 없을 것이다. 가끔 브레이크 대신 가속페달을 밟아 사고를 낸 사람 말이 나오면, 눈을 감고 운전해도 그런 일은 없을 것이라며 큰소리를 쳤다. 그런데 그 당사자가 바로 나였으니 입이 백 개라도 무슨 할 말이 있으랴.

지금은 초보운전 표지를 붙이는 것을 의무화하지 않고 있지만, 과거에는 일정한 기간 동안 붙이게 하였다. 초보운전이란 표지 대신 "오늘 운전면허 땄어요.", "왕초보", "핵폭탄 탑재 중", "답답하지요? 저는 더 답답해요."에서부터 "죄송합니다."나 "미안합니다."와 같이 정중하게 배려를 설득하는 유형까지 다양하다. 최근에는 "차 안에 아기가 있어요."나 "노인운전자"라는 표지를 붙인 것이 눈에 많이 띈다. 그런데 운전 교습용 차도 아닌 자가용에다 "주행연습 중"이란 표지를 붙인 것을 보고 신선한 상상력에 웃음이 절로 나왔다.

막힌 길이 뻥 뚫릴 리 없고 서두른다고 빨리 갈 상황도 아니었다. 예수병원 쪽으로 직진하는 "주행연습 중"이란 말을 붙이고 달리는 차를 보내고 나서, 나 역시 주행연습 하는 마음으로 운전하였다. 교회에 도착했더니 염려한 것과 달리 3분 정도 늦었다. 세상살이 가속페달을 밟고 고속으로 질주하든 주행연습 하듯 설레고 긴장하여 달리든 3분밖에 차이 나지 않았다. 너무 서두르지 않고 운전연습 하듯이 목적지를 향해 나아가야 하겠다.

주일 아침 허둥거리며/ 길 먼 예배당 가는 길/ 막힌 찻길 앞 차 뒤에/ 주행연습 중이란 푯말/ 초보운전도 왕초보도 아닌/ 주행연습 중이란 이정표/ 하나님 뵈러 가는 바쁜 길/ 설레고 떨리는 마음/ 허리 숙여 웃는 이정표에/ 단단히 동여매고 묶어/ 주행연습 하듯 주행한다

- 졸시 「주행연습 중」

(2015. 5. 31.)

쫄딱

고향집 이웃에 정욱이 형이 산다. 1970년대 정욱이 형 아버지는 서울에서 건설업을 하여 돈을 많이 벌었다. 당시 힘깨나 쓰는 마을 사람치고 정욱이 형 아버지 밑에 가서 일하지 않은 사람이 거의 없었다. 정욱이 형 아버지는 서울에 집을 몇 채 가지고 있을 정도로 부자였다. 서울에 있는 재산을 처분하면 60여 호가 모여 사는 시골마을과 주변 논밭을 사고도 남을 것이라고 했다. 명절 때 외제차를 타고 정욱이 형 아버지가 내려오면 밑에서 일한 사람은 물론 마을 사람 대부분이 무슨 고관이라도 맞이하듯 환대하였다. 어린 기억에 아버지께서도 집에서 기르던 암탉을 잡아 사람들 눈길을 피해 찾아가셨다. 실직하시고 마땅하게 일자리가 없으셨던 터에 눈도장이라도 잘 찍어두고 싶은 마음이셨는지 모른다.

  외아들인 정욱이 형은 돈 많은 아버지 덕분에 여러 가지 사업을 하였다. 시내에 그럴싸한 목욕탕을 개업했다가 두 해 정도 하더니 문을 닫아버렸다. 그리고 목이 좋은 곳에 한우 전문점 식당을 개업했다. 마을 사람들은 개업할 때마다 축의금 봉투를 갖고 찾거나 비싼 한우를 한 번씩 먹으러 갔다. 그런데 목욕탕처럼 식당도 얼마 하지 않고 문을 닫았다. 마을 사람들은 정욱이 형이 또 무슨 일을 할 것인지 태나게 관심을 가졌다. 지레짐작하여 여관업을 할 것이라고 하는 사람도 있었고 고급 술집을 할 것이라고 점치는 사람도 있었다. 어떤 사람은 상경하여 아버지 밑에서 건설업을 배울 것이라고 예단하기도 했다.

  이런 전망과 예단은 표적지를 벗어난 화살 같았다. 정욱이 형은 식당 문을 닫은 지 두어 달 만에 차량 부품 판매소와 카센터를 겸하여 개업했다. 이번에도 대부분 마을 사람들이 축하해 주러 갔다. 정욱이 형이 목욕탕과 식당을 개업했을 때 '00건설 대표 000'라고 쓴 화환이 출입구 양쪽에 버티고 서 있었다. 차량 부품 판매소와 카센터를 개업할 때도 마찬가지였다. 이런 정황을 뚫어 보면 마을 사람 대부분은 정욱이 형을 보고 간 것이 아니라 형 아버지를 보고 간 것이 십중팔구였다. 그런데 이 사업도 2년을 넘기지 못하고 문을 닫았다. 이런 지경에 이르자 마을 사람들 사이에서 흉흉한 소문이 나돌기 시작했다. 돈을 제법 투자한 사업들이 재미를 보지 못하고 줄줄이 문을 닫았으니, 그 곳간인들 온전하겠느냐는 염려와 고소함을 은밀하게 즐기는 이중성을 보였다.

정욱이 형은 더 이상 다른 사업을 벌이고 않았고 한동안 마을에서 보이지 않았다. 부부가 경상도 어느 절에 들어가 불공드리러 오는 사람들에게 밥을 해주며 근근이 산다는 소문이 들렸다. 소문은 개미 행렬처럼 이어져 부부가 별거했다는 이야기도 퍼졌고 정욱이 형이 아예 머리를 깎고 스님이 되었다는 말도 떠돌았다. 까마귀 날자 배 떨어진 격으로 정욱이 형 아버지가 명절 때, 고향 집에 내려오는 일도 덩달아 뜸해졌다. 농사일을 마치고 서울에 올라가 일을 했던 사람들도 정욱이 형 아버지가 부르는 일이 없어졌다. 정욱이 형 집은 ㄱ자형 기와집이었다. 마치 TV드라마에서나 보았을 법한 근사한 집에 딸린 텃밭은 어림잡아 집 두 채가 들어설 정도로 넓었다. 그 텃밭을 팔려고 내놓았다는 소문이 난 지 얼마 되지 않아, 오래전부터 새 집을 지으려고 집터를 물색하던 종숙이 집에서 잽싸게 사들였다.

소문은 이제 아궁이에 불을 넣었느냐 넣지 않았느냐에 머물지 않고 이미 굴뚝에 연기가 모락모락 피어오르는 지경에 이르렀다. 고급 저택 같은 정욱이 형 집이 경매에 나왔다고 했다. 정욱이 형 아버지도 이즈음에 서울에서 하던 사업을 접었는지 시골집에 머물면서 날마다 자전거를 타고 시내를 분주하게 오갔다. 어머니는 아침 일찍 나랑 한 살 터울인 동생에게 보리밥을 차려 주시고 시내버스 요금을 빌리러 거의 날마다 정욱이 형 어머니를 찾으셨다. 그런데 정욱이 형 아버지가 집에 내려오면서부터 정욱이 형 집에 들르는 것을 삼갔다. 당장 나와 동생 등교가 늦어졌고 어쩔 수 없이 한 시간 먼저 집을 나서 시내까지 걸어 다녀야 했다.

뒤에 안 사실이지만 어머니가 정욱이 형 집 들르는 것을 삼간 것은, 돈을 더 이상 빌릴 수 없다는 이유만이 아니었다. 정욱이 형 어머니가 보증을 서 달라고 이 집 저 집 다닌다는 소문을 들으셨기 때문이다. 그런데 전답깨나 갖고 있던 사람 몇몇은 이미 보증을 서 준 상태였다. 우리 집은 보증을 서 줄만한 반듯한 전답도 없었거니와 푸닥지게 가지고 있던 것도 할아버지 명의로 되어 있었기 때문에, 바람막이가 될 수 있었다. 보증을 서 준 사람들이 정욱이 형 집에 가서 정욱이 형 아버지와 언성을 높이는 일이 잦아지면서, 정욱이 형 부모가 야반도주할지도 모른다는 소문이 돌았다.

정욱이 형 집은 마을 회관 인근에 자리하고 있었다. 회관에 삼삼오오 모인 사람들은 회관 출입이 뜸해진 정욱이 형 어머니에 대한 안부보다 도망쳤느냐 집에 있느냐 하는 데 더 관심을 가졌다. 이때부터 마을 사람들은 누구라 할 것 없이 '쫄딱 망했다.'는 말을 입에 달고 살았다. 다른 사람 말하기 좋아하는 영남이 아저씨는 "그 많던 재산 다 말아 먹고 쫄딱 망했다."고 했고, 다른 사람들은 일할 때 잘 써줬으면서 자신에게는 인색했다고 불만을 가진 태석이 아버지는, "쫄딱 망하고 나니까 이제 사람 차별 좀 하지 않으려나."라고 했다. 할아버지께서도 정욱이 형 할아버지 이름을 들먹이시며 "재산은 3대를 못 간다더니 그 집안 쫄딱 망해서 참…."하시며 연신 혀를 차셨다. 그리고 어머니에게 쌀 몇 되박을 갖다 주라고 하셨다.

'쫄딱'이라는 말 속엔 궁색함과 함께 억장이 무너지는 아픔이 도사리고 있다. 남은 것 하나 없이 재산을 모두 잃은 사람은 삶이 얼마나 궁색하고 가슴이 무너지겠는가. 본래부터 빈궁하게 살았던 것이 아니라 떵떵거리며 살았던 사람이 집조차 내놓아야 할 형편에 이르면, 상실감은 더 클 것이다. 이렇게 되면 마치 오래 묵혀 둔 무논에 발이 푹 빠져 오도 가도 못하거나 삶을 지탱해주는 끈을 놓고 싶었을 것이다. '쫄딱 망했다'는 말 속엔 시원함과 후련함이 동거하고 있다. 남이 잘 되는 것을 보면 배가 곧잘 아프기 마련인 우리 민족성이 내재되어 있다. 어린 마음에, 아침마다 정욱이 형 집에서 시내버스 요금을 빌려 오시는 어머니를 보고, 내심 정욱이 형을 부러워했을 뿐만 아니라 시기했다. 마을 사람들이 "쫄딱 망했다."는 말을 내심 즐기며 썼을 때, 나 역시 속이 시원해지고 후련해지는 것을 느끼며 동조자가 되었다.

오늘 아침 산책길에 원각사에 들렀다. 오랜만에 노스님과 인사를 나눴다. 파르스름한 스님 머리 위로 아침 햇살이 발뒤꿈치를 들고 반짝였다. 문득 정욱이 형이 생각났다. 비록 어릴 때 일이지만 "쫄딱 망했다."는 말에 동조하며 체기가 내려가는 쾌감을 느꼈던 것이 미안했다. 노스님에게 다른 날보다 더 공손하게 인사를 드리고 산문을 나왔다. 소문대로 정욱이 형이 입산했다면 지금쯤 쫄딱 망한 세속적인 재산을 잊고 큰스님이 되어 공空의 경지에 이르지 않았을까. 여름 숲이 쫄딱 매미 울음소리 천지다.

(2015. 8. 5.)

휘뚜루마뚜루

　몇 해 전부터 갈색날개매미충이 기하급수적으로 늘어 나무에 피해를 입히고 있다. 갈색날개매미충은 주로 활엽수나 과수나무 가지에 붙어 수액을 빨아먹고 산다. 마땅한 방제약도 없으려니와 한 집만 방제하는 것으로 퇴치할 수 없다. 너무 광범위하게 집단적으로 분포하고 있어 공동으로 방제해야 한다. 지자체에 공동방제를 요청하면 차량으로 길가나 한 번 뿌리고 지나버려 별 효과를 거두지 못한 실정이다. 수십 마리가 여린 가지에 시커멓게 붙어 약을 뿌려도 잠시 달아났다 다시 앉았던 자리로 되돌아온다. 갈색날개매미충이 앉은 가지는 나뭇잎이 빨갛게 타고 가지가 말라 죽는다.
　그래서 과수 농가는 적절한 방제방법이 없어 과수원 주변을 모기장 치듯이 방충망으로 둘러친다. 우리 집 정원에 사과나무 두 그루가 있다. 마땅하게 방충망을 칠 수 없어 놔두었더니 갈색날개매미충 공격을 감당하지 못하고 고사한 가지가 여럿이다. 텃밭 한쪽에 심은 블루베리는 임시방편으로 방충망을 덮어 녀석들을 쫓고 있다. 이들은 집단으로 움직이며 이 나무 저 나무를 가리지 않고 휘뚜루마뚜루 잔망스럽게 먹어치우는 못된 식성을 갖고 있다. 갈색날개매미충으로 인한 피해가 너무 심각해 작년 이맘쯤 지역에 있는 농업기술연구원으로 전화하여 대처방안을 세우고 있는지 확인했다. 나름대로 연구하고 있다고 하였지만 임기응변식으로 받는 전화라는 인상을 지울 수 없었다.

오랜 가뭄 끝에 장마가 지나갔지만 비를 찔끔찔끔 뿌리고 바삐 지나는 바람에 전국 댐은 대부분 저수율이 부족하다. 정신없이 올라오던 태풍도 불행 중 다행인지 우리나라를 비껴 지나 비다운 비가 내리지 않았다. 주말이면 마을 근처 물가는 피서객으로 붐볐는데 물길마다 복숭아뼈 담그기도 어려울 정도로 물이 말라 한산하다. 기상대 예보와 상관없이 소나기가 한바탕 쏟아졌다. 일순간 개미집과 두더지가 길을 내놓은 구멍이 휘뚜루마뚜루 물을 먹어치우고 수몰되고 말았다. 이들이 물을 더 이상 먹을 수 없어 멈칫거리자 고추와 참깨 골이 허겁지겁 물줄기를 끌어들여 휘뚜루마뚜루 물을 마셨다. 뒷산에선 천둥소리가 무두질하는 소처럼 울었다.

한참 후 서재 옆에 있는 마른 실개천이 소란스러워졌다. 너 멍골에서부터 각자 흘러내린 산물이 개천에 모여 제법 힘을 보탰기 때문이다. 이곳은 물이 잔잔하게 흘러야 할 곳인데, 비가 너무 오지 않아 온갖 풀이 굴복을 거부한 채 왕성하게 생육하고 있다. 모처럼 물이 흐르자 개천에 있던 풀들이 휘뚜루마뚜루 물을 마셔대기 시작했다. 비에 흠뻑 젖어 더 멀쩡해진 풀로 실개천이 시원스럽다. 참깨를 말려 털 요량을 하신 어머니는 소나기로 인해 마음이 더 조급해지셨다. 텃밭으로 나서시다 말고 "일기예보가 요 며칠 좀 맞는다 싶더니 어깃장을 놓는다."며 다시 들어오셨다. 텃밭을 내려다보시는 어머니 등을 향해 더운 바람을 제 몸속으로 휘뚜루마뚜루 끌어들인 선풍기가 냉기를 대충 포장해 내보냈다.

말복을 한 주 남기고 마을에 개장사 출입이 부쩍 잦아졌다. 부모님께서 이곳으로 이사하실 때 순천에서 데리고 온 발발이 '이쁜이'는 나이가 10년이 넘었다. 일년생 개를 사람 나이로 치면 7년에 해당한다고 한다. 이 기준에 따르면 1~2년생은 어린이고 3~5년생은 청년에 속한다. 6~9년생은 중년이고 10년 이상은 노인에 속한다. 우리 '이쁜이'는 종심從心을 넘겼으니 귀가 순해지는 이순耳順의 경지를 넘어 도道에 어그러지지 않게 마음을 좇았으리라. 이런 '이쁜이'도 개장사가 "개 삽니다. 개 팔아요. 강아지 팔아요." 하고 반복적으로 하는 방송을 들으면 아주 슬

피 짖는다. 트럭 짐칸 개집에 휘뚜루마뚜루 실린 여럿 마리 개를 보고 '이쁜이'는 개장사가 저승사자로 보였을지 모른다.

소나기 치고 오랫동안 비가 진득하게 내렸다. 더위에 지쳤던 잔디밭이 빗방울이 밟고 간 자리마다 그의 발자국으로 무작하니 파였다. 땡볕 아래 신열이 올랐던 금잔디가 휘뚜루마뚜루 빗방울을 머금고 휘감겨 더 파래졌다. 밭 지렁이 한 마리가 파란 느낌을 맛보려고 대책 없이 나왔다가 잔디 사이를 필사적으로 걸었다. 어디서 왔는지 청개구리 한 마리가 한껏 부푼 잔디밭에 묵은 색깔을 지워내고 빗 사이를 뚫고 솟구쳤다. 아랫마을에서 올라온 한 무리 바람 떼가 잔디밭에 이르러 몸을 씻더니 더 선명해진 목소리로 침묵을 허물었다. 거세게 쏟아지는 비를 가감 없이 휘뚜루마뚜루 삼킨 잔디밭에 뭇 생명이 매복하여 부스럭거렸다.

멈출 것 같지 않던 비가 시치미를 떼고 뚝 그치자 땡볕이 사정없이 직하하였다. 풀내, 물냄새, 흙내, 솔내음이 빗발쳤다. 비가 내려 식었던 열기를 다시 데우려는 듯 불볕이 폭포처럼 떨어진 자리마다 금세 풀이 죽었다. 냉장고에 있는 물을 휘뚜루마뚜루 마셔도 체온에 근접한 폭염 앞에 속수무책이다. 이열치열이라 했던가. 말끔하게 정리해도 비 내린 뒤 분재분을 점령하는 쇠비름, 바랭이, 선괭이밥이나 뽑아야하겠다. 비 온 뒤 분토가 척척했을 때 이 녀석들을 뿌리째 뽑을 수 있기 때문이다.

예상한 대로 비를 휘뚜루마뚜루 마신 분마다 쇠비름, 바랭이, 선괭이밥이 빼곡하게 솟았다. 손차양을 하고 이들을 쳐다보다 너무 고와서 모른 척하고 되돌아오고 말았다.

(2015. 8. 6.)

흰눈썹황금새

 이른 아침 산책길에 원각사에 들렀다. 원각사는 산책길의 반환점이자 중간 쉼터이기도 하다. 시골 집 마당만한 주차장에 얼마 전 새 것으로 바꾼 노스님 차가 이슬을 뒤집어쓰고 있었다. 계곡물에서 놀던 한 무리 물고기 떼가 귀가 얼마나 밝던지 발자국 소리를 듣고 바위틈으로 재빨리 몸을 숨겼다. 상황을 늦게 파악한 몇 안 된 물고기는 여유를 잔뜩 부리다 허겁지겁 도망쳤다. 바깥에 귀를 너무 쫑긋하게 세우고 살면 자신도 모르게 마음속에 머물던 고요가 속수무책으로 무단가출할 때가 있다.
 감나무 잎이 노랗게 흔들렸다. 순간 안경을 고쳐 쓰고 감나무에 시선을 고정시켰다. 자세히 보니 흔들리는 것은 감나무

잎이 아니라 한 마리 새였다. 배가 노랗게 생긴 새가 제법 자란 감을 쪼아 먹느라 온몸을 날렸다. 이런 동작을 여러 번 반복하다가 나뭇가지에 앉아 부리를 닦았다. 맛이 뿌드드하게 떫었을 것 같다. 먼발치에서 바라본 그의 생김새는 눈썹이 희고 배는 황금같이 노랬다. 머리와 날개는 검정색이고 날개에 붓으로 흰색을 한 획 그어놓은 것 같았다. 흰눈썹황금새 수컷이었다.

 암컷을 유혹하기 위해 수컷에게 신이 내린 특별한 선물이라 하지만 우아한 자태에 질투가 일었다. 서둘러 스마트 폰을 꺼내 사진을 찍으려는 순간 눈치를 채고 숲으로 날아가 버렸다. 그가 날아가면서 공중에 낸 길을 물끄러미 바라보며 회귀본능을 기대했지만 끝내 재회하지 못했다. 일순간 느꼈던 강렬한 감정과 달리 오르막길을 몇 번 오르락내리락하면서 숨이 가빠지자 그의 존재가 기억에서 까맣게 지워지고 없었다. 들숨과 날숨을 번갈아 내쉬며 나름대로 운동에 집중하고 있을 때 뜬금없이 날아온 그가 스님 차 운전석 사이드 미러에 앉았다.

 자세를 낮추고 스마트 폰을 꺼냈다. 사진을 찍을 만한 각이 나오지 않았을 뿐만 아니라 다시 도망칠 것 같은 불길함 때문에 상수리 뒤에 숨어서 녀석을 주시했다. 그가 날개를 파닥거리자 팔레트에 노랑과 검정과 흰색 물감이 물렁하게 혼합되어 환하게 속삭이는 것 같았다. 배 전체를 차지한 노랑을 너무 드러내지 않고 눈썹과 같은 흰색이 박힌 검정 날개를 부산하게 움직여 색깔을 조화시켰다. 사소한 움직임 하나를 붙잡으려고 한 자리에서 몇 날 밤을 샌다는 사진작가가, 저 순간을 포착한다면 정말 좋은 작품을 만들 것이다.

산문 밖에서 바람 떼가 들이닥쳤다. 이 가운데 가장 둥글고 단단한 한 것이, 처마 끝에 매달린 풍경으로 제 몸을 던졌다. 풍경 소리가 흰 나비처럼 하늘하늘 날아올랐다. 이 순간 깜짝 놀란 녀석이 눈부시게 비행하면서 묵방산 숲으로 날아갔다. 그가 앉았던 거울에 똥이 수북하게 쌓여 있었다. 똥은 밤새 그의 체온을 손목에 쥐가 날 정도로 붙잡고 있었을 것이다. 아니면 밤새 몸속에 살던 고뇌와 번뇌를 삭이고 불태워 밖으로 쫓아 보냈을 것이다. 목욕 갈 채비를 하신 노스님과 마주쳐 인사를 나눴다. 오래전 시내에 있는 목욕탕을 이용하신다 하셔서 인근에 온천수가 나오는 리조트를 소개해드린 뒤로 그곳을 애용하고 계신다.

"이 놈이 또 똥을 누고 갔구나." 사이드 미러에 흰눈썹황금새가 싼 똥을 보시고 스님이 한마디 하셨다. 그 많은 날 가운데 신기하게도 월요일 아침만 골라 변을 본다는 것이었다. 월요일은 스님이 날을 잡아 목욕을 가는 날이다. 그렇다면 흰눈썹황금새는 스님을 따라 목욕을 가려고 운전석 옆 거울에 앉아 스님을 기다렸던 것일까. 깊은 밤 몸속에서 죽지 않고 살아 꿈틀거리는 뱀을 악착같이 내쫓으려고 그 많은 변을 봤단 말인가.

그렇게 하고도 부족하여 노스님을 따라 온천수에 몸을 담그고 목욕재계하려 했던 것일까.

그러고 보니 그동안 목욕탕을 통 들리지 않았다. 여름이라 특별하게 목욕탕에 들러 때를 밀 일이 없었기 때문이다. 그런데 내게 어찌 육신의 때만 있으랴. 붙잡고 있으면 안 되는 것을 알면서도 고집스럽게 잡고 있느라, 밤잠을 설치며 괴로워하고 힘들어 한 것이 참 많았다. 애착과 집착의 경계에서 차마 내려놓지 못하고 품고 있느라, 속이 상하고 상처로 돌아온 것이 있었다. 지금 생각하면 다 밀어내고 버려야 할 마음의 때였다. 흰눈썹황금새가 꾼 목욕재계의 꿈을 생각하며, 마음속에 덕지덕지 붙어 있던 찌꺼기들을 한 겹 한 겹 벗겨냈다.

공제선에 걸린 아침 해가 장미처럼 피어오르고 머언 산이 눈썹 밑까지 다가와 가직하게 보였다. 상수리나무가 문을 열자 선선한 그늘이 걸어 나왔다. 그 그늘을 밟으며 산문을 나섰다. 산문 밖 세상이 봄날보다 더 지천으로 환하고 향기로웠다.

(2015. 8. 24.)

목요와의 만남

어제 아침 산책길에 누군가 버린 개를 만났다. 뒷다리를 심하게 저는 발바리 종류였다. 추위와 불안감 때문인지 심하게 온몸을 떨었다. 가까이 다가가 손을 내밀고 친밀감을 표시했지만, 으르렁거리며 경계를 풀지 않았다. 어떻게든 집으로 데려오려고 했지만 심하게 짖으며 개울로 내려가 버려 그냥 내버려 뒀다. 산책을 마치고 귀가하면서 개가 있던 곳을 확인했지만 보이지 않았다.

오늘 아침 산책하는 길에 집에 있는 떡을 두 개 챙겨 어제 개가 있던 곳으로 갔다. 놀랍게도 개는 주인이 버린 사과상자 근처에 앉아 떨고 있었다. 좁은 개울이라 길을 오가는 사람들 눈에 잘 띄지 않는 곳이었다. 준비한 떡을 잘게 부숴 던졌더니 아픈 다리를 끌고 달려와 허겁지겁 먹었다. 굶은 상태에서 떡을 두 개 다 주면 체할 것 같아, 하나만 주고 개울로 내려갔다. 어제까지만 해도 심하게 경계했던 태도를 바꿔, 꼬리까지 흔들며 배를 드러내고 누웠다.

머리를 쓰다듬자 눈곱이 지저분하게 달라붙은 눈이 축축하게 젖었다. 동물구조대에 전화를 하거나 유기견 센터에 신고를 할까 하다가 단념하고 말았다. 분양할 사람이 없으면 안락사 시킨다는 말이 떠올라, 당분간 내가 돌볼 요량을 했다. 원각사에는 백구가 두 마리 산다. 관리인에게 상황을 설명하고 개 사료와 물병에 물까지 얻었다. 그리고 개 이름을 목요일에 만난 인연으로 목요라고 지었다. 목요를 다리 밑으로 부른 다음 사료와 물을 주었다. 밤 서리와 추위를 조금이라도 면하려면 다리 밑이 좋을 것 같았기 때문이다.

오랜 기갈로 인해 목요는 게걸스럽게 사료와 물을 먹었다. 그리고 팽팽했던 긴장을 고무줄처럼 느슨하게 풀었다. 목요는 자신이 주인에게 버림받았다는 사실을 알고나 있을까. 사는 게 팍팍해지고 뾰쪽해지면서 유기견이 늘고 있다는 것을 귀동냥이나 눈동냥을 통해 알고 있었다. 실제로 버림받은 목요를 보자, 우리 사회가 얼마나 비생명적이고 비인간적인지 실감할 수 있었다.

자동차정기검사를 받고 귀가하는 길에 15킬로 사료를 한 포대 샀다. 사료판매점 앞에 귤과 사과를 파는 노점상이 있었다. 집에 귤이 떨어져 귤을 한 상자 살까 한참 망설이다가 사료만 차에 실었다. 사람이나 동물, 식물 할 것 없이 생명이 있는 것은 존귀한 존재이다. 우리 집에 개가 두 마리 있다. 수컷인 오늘이는 7년 전에 유기견 센터에서 분양받은 것이고, 암컷인 이쁜이는 고향집에서 자라다 부모님께서 이사하시면서 데려온 것이다.

당장 목요를 집으로 데려올 상황이 아니라서 우선 먹을 것을 갖다 나르기로 했다. 추위를 피할 수 있게 헌 이불도 갖다 깔아주려고 한다. 이런 내 심산 속엔 부끄럽게도 이기가 달라붙어 있다. 아침에 일어나기 싫어 산책하는 것을 빼 먹고 싶은 날이 있다. 20년 넘게 혈압강하제를 먹고 있는 터라 아침 산책을 운동 삼아 한 지 오래되었다. 그리고 산책을 하면서 주로 시상을 떠올리기 때문에 아침 산책은 내게 중요한 시간이다.

그래서 아침 산책을 거르지 않을 족쇄를 스스로에게 채울 필요가 있었다. 그 족쇄로 목요를 악용한 것이다. 목요를 굶기지 않으려면 죽이 됐든 밥이 됐든 일어나 산책길에 올라야 하기 때문이다. 행여 이런 행위가 목요를 보호하는 것이 아니라 오히려 방치하여 동물보호법을 위반한 것은 아닌지 모르겠다. 목요의 애잔한 눈빛이 자꾸만 눈앞에 어른거린다.

(2016. 1. 7.)

목요일기 1

 "사람이 빵만으로 살 수 없다."는 말은 사람에게만 해당하는 말이 아닌 것 같습니다. 배고프고 목마른 것을 어느 정도 해결하고 나니, 이제 사람이 그리워지기 시작했습니다. 다리 밑에 밤이슬과 바람 피할 집을 만들어주고 아침으로 먹을 밥과 물을 갖다 주는 사람을 뜬금없이 만난 것은 행운이었습니다. 그러나 지금도 밤이면 춥고 캄캄한 어둠 속에서 멧돼지 숨소리가 들리면 무섭습니다. 때로는 목이 마른 고라니가 개울까지 내려와 물 한 방울 흐르지 않는 개울에 있는 돌만 들썩이다 사라지기도 합니다.
 겨울해가 아무리 짧다 하지만, 낮 동안 혼자서 보내는 시간은 너무 길고 지루합니다. 게다가 좁은 다리 위를 오가는 차 소리가 너무 요란하여 내 심장이 덜컹 내려앉습니다. 무슨 일이 그렇게 급한지 화살처럼 달리는 차 소리를 들으면 불안해집니다. 내가 아무 연고도 없는 이곳으로 온 날을 생생하게 기억합니다. 부부싸움이 잦아지면서 내가 밥을 굶는 일도 함께 늘었습니다. 우리 집 주인 부부는 돈 때문에 자주 다퉜습니다. 서로 사네 못 사네 싸움질을 하는 날이면 내게 발길질을 하기도 했습니다.

두 사람 싸움이 극에 이른 날, 바깥주인이 안주인을 내게 발길질 하듯이 걷어찼습니다. 도저히 구경만 할 수 없어 바깥주인에게 따졌습니다. "왜 사람을 발로 차느냐?"고 "사람이 축구공이냐?"고 말입니다. 내가 한 말을 알아들었는지 바깥주인이 "개 새끼까지 날 얕잡아 본다."며 사과박스에 감금시켰습니다. 그리고 차에 싣고 어디론가 갔습니다. 바깥주인은 오래전 실직을 하고 맨날 낚시만 하러 다녔습니다. 혼자 다니는 게 너무 심심했던지 어떤 날은 날 데리고 가기도 했습니다.

홧김에 날 캄캄한 사과박스에 넣고 낚시터로 데려가는 것이라고만 생각했습니다. 다른 날과 달리 바깥주인 기분이 좋지 않으니 낚시터에 이르면 눈치껏 행동해야겠다고 다짐했습니다. 이런 가운데 바깥주인에게 맞고 울고 있을 안주인을 생각하니 마음이 먹먹해졌습니다. 아무리 참으려고 해도 눈물이 계속 쏟아졌습니다. 한참 울고 나니 마음속에 걸쳐 있던 두툼한 그림자가 점차 얇아지기 시작했습니다.

사람들은 우리가 하는 이야기를 울음소리로 착각합니다. 우리도 사람처럼 울 때가 있습니다. 그때는 반드시 두 눈에 눈물을 흘립니다. 우리들 눈물의 원천은 마음이고 출구는 눈입니다. 얼마쯤 달렸을까 아득한 시간이 꿈처럼 흘렀습니다. 낚시터에 도착했으면 저수지에서 놀고 있는 물 냄새가 났을 텐데, 바람소리만 들렸습니다. 차가 멈춘 후 쿵 소리와 함께 어딘가로 날아 떨어졌습니다. 정신을 잃은 순간에도 서둘러 달리는 차 엔진소리는 선명하게 들을 수 있었습니다.

정신을 차리고 눈을 떴을 때 눈부신 석양이 공제선에 혓바닥만큼 남기고 있었습니다. 밤이 오기 전에 바깥주인이 화가 풀리면, 나를 분명히 데리러 올 것이라고 믿었습니다. 내 주위에는 돌이 많이 있었고 사람들이 버린 생수 통, 찐빵 포장지, 비닐봉투, 농약병 같은 쓰레기가 뒹굴었습니다. 혓바닥만큼 남은 석양이 모습을 감춘 것은, 그야말로 똑딱하는 순간이었습니다. 잠시 후 무겁고 두꺼운 어둠이 차디찬 추위를 데리고 왔습니다. 무서워서 아무 말도 하지 못하고 마냥 울기만 했습니다.

누군가에게 버림받는 순간, 무엇이든 쓰레기가 된다는 것을 알았습니다. 목이 마른 사람이 물을 마시고나서 버린 생수 통이나, 배고픈 사람이 찐빵을 먹고 나서 버린 찐빵 포장지 역시, 쓰레기입니다. 농약병도 제 몸에 쓸모 있는 농약을 품고 있을 때는 버림받지 않았지만, 다 쓰고 나서는 쓰레기가 되었습니다.

이 쓰레기 속에서 문득, 내 자신도 쓰레기 같은 존재라는 사실을 알았습니다.

하기야 요즘 사람들이 죽어라고 하는 사랑에도 유통기한이 있다고 합니다. 나는 인생을 살아보지 않고 개 같은 삶을 살아왔지만, 이런 말은 우리 같은 개 눈물샘마저 막히게 하는 말입니다. 아침마다 먹을 것과 마실 것을 챙겨주는 분이 참 고맙고 감사합니다. 그러나 사람이 빵만으로 살 수 없듯이 저 같은 개도 밥과 물만으로는 살 수 없습니다. 나도 사람이 환장하게 그립습니다. 이따금 아랫마을에서 친구들 목소리가 들려옵니다. 친구들도 보고 싶습니다.

얼마든지 더 쓸 수 있는데/ 무심코 버린 건 무엇이든/ 한순간 쓰레기 되고 만다/ 그 사람 문으로 들어가/ 그의 방에 머무르고 싶은데/ 문 걸어 잠그거나 쫓아내면/ 쓰잘머리 없는 쓰레기일 뿐/ 사람들 끼리끼리 죽어라/ 숨 넘기며 주고받는 사랑도 / 제조날짜와 유통기한 있어/ 누구든 버림받을 수 있다/ 나 같은 견공이 받은 사랑/ 인생을 살아 보지 않았고/ 삶 죽만 쑤며 굴러다녔지만/ 코푼 화장지처럼 버려진 날/ 바람도 외면하고 그냥 지나는/ 쓸 곳 하나 없는 쓰레기였다

— 졸시 「목요의 일기1」

(2016. 1. 9.)

목요일기 2

산그늘이 맑아지면 아침이 오고 산그늘이 어두워지면 밤이 왔습니다. 생소한 곳에서 몇 날 낮과 몇 날 밤을 보냈습니다. 텅 빈 겨울들녘엔 사람들 발길이 끊기었고 아침에 산책하는 사람이나 낮으로 산행하는 사람 몇몇만 눈에 띕니다. 사람들 보행이 뜸해지면, 혼자서 주변을 둘러보러 다녔습니다. 내 집이 있는 개울 가까이에 인삼밭이 있습니다. 검은 막을 빙 둘러쳤지만, 작은 내 몸이 들랑날랑할 공간이 곳곳에 널려 있습니다. 하늘을 가려 대낮에도 음침한 것이 마음에 걸리지만, 일단 이곳으로 들어오면 사람들 눈에 띄지 않아 마음이 편해집니다.

간간이 오가는 차 소리를 듣고, 혹시 주인 차가 아닌지 귀를 내밀거나 까치발을 세우고 훔쳐보기도 합니다. 우리 주인 차는 뒤에 물건을 싣는 꽤 널찍한 공간이 있고 엔진 소리가 목감기 걸린 것처럼 묵직하고 둔탁합니다. 날씨가 몹시 추운 날은 시동을 거느라 애를 먹는 모습을 많이 봤습니다. 우리 바깥주인은 아직도 기분이 풀리지 않은 모양입니다. 기분이 봄날 날씨처럼 풀어지면 날 데리러 올지도 모르니까 말입니다. 사람들이 믿음이 너무 크면 실망이 크다고 하는 말을 귀동냥으로 들었습니다.

우리 주인 내외가 싸울 때 서로 "너를 믿은 내가 바보지."란 말이나 "네가 한 말은 콩으로 메주를 쒀도 못 믿겠다."는 말을 즐겨 썼습니다. 그때마다 나는 믿는 게 왜 바보인지, 콩으로 메주 쑨 것을 왜 믿지 못하는지 이해할 수 없었습니다. 그러나 주인이 날 데리러 올 것이라는 믿음이 비록 허황된 것일지라도 기다리려고 합니다. 그리고 우리 주인을 이해하려고 마음을 다잡고 있습니다. 사는 게 얼마나 팍팍하고 고단했으면 화풀이를 나한테 했을까 하고 생각하니 서운했던 감정이 좀 사라졌습니다.

내 소식을 페이스 북에 올렸다는 이야기를 임시주인에게 들었습니다. 그리고 날 데려가 기르기를 원하는 사람이 있다는 것도 알려주었습니다. 그런데 내 의사와 상관없이 사람들끼리 무슨 거래를 하고 있는 것 같아 유쾌하지 않습니다. 우리 주인은 날 버렸지만 난 아직 우리 주인을 잊지 않고 있습니다. 우리 주인이 먹고살기 힘들어 날 건사하는 게 어렵다면 그때 다른 집으로 가는 것을 고려해보겠습니다. 사람들이 보기에 이런 내 생각이 교만하고 건방지게 들릴지 모르겠지만요.

 태생부터 우리 같은 족속은 삶에 대해 선택하거나 결정할 권리가 없다는 것을 잘 압니다. "개 팔자 상팔자"란 말은 사람과 마찬가지로 특권을 누리는 소수 견에게나 해당하는 말입니다. 돈 많은 주인을 만나 사람보다 더 좋은 대우를 받으며 사는 상류견 이야기는 실직하여 하루하루를 바둥거리며 사는 주인을 둔 나 같은 개에겐 드라마 속 얘기일 뿐입니다. 하루에도 몇 번씩 두 마음이 일어납니다. 주인을 만나 집으로 빨리 돌아가고 싶은 마음과 외롭고 고독하지만 가고 싶은 곳을 마음대로 돌아다니면서 누리는 자유를 포기하고 싶지 않은 마음입니다.

 아침에 잠깐 들러 밥과 물을 주고 일관되게 갈 길을 가는 임시주인에 대해서도 두 마음을 품고 있습니다. 내가 기진맥진하여 탈진했을 때 먹을 것과 잘 집을 마련해 준 은혜를 잊지 않고 있습니다. 그러나 아무리 바빠도 짬을 내어 나랑 이야기하면서 놀아줬으면 하는 서운함이 있습니다. "물에 빠진 사람 구해줬더니 보따리 내놓으라 한다."는 말이 있다지요. 죽을 고비에 이른 저를 구해준 임시주인에게 배은망덕한 이야기가 될지 모르지만 그만큼 사람이 그립습니다. 이런 가운데 내가 임시주인에게 부담스러운 짐이 되어 또 버림받지 않을까 하는 두려움이 일기도 합니다.

대중없이 어수선하게 꾸는 꿈을 개꿈이라 합니다. 비록 개꿈일지 모르지만 나는 밤낮으로 꿈을 꿉니다. 주인이 반드시 날 데리러 와서 등을 쓰다듬어주며 미안하다고 사과하는 꿈을 꿉니다. 이 꿈을 하도 많이 꾸다보니 자동차 소리가 날 때마다 가슴이 설레고, 산에서 시도 때도 없이 내려오는 바람 소리가 마치 주인 목소리처럼 들리기도 합니다. 꿈에서 깨어나면 허망하기 그지없지만 꿈을 꾼 순간만큼은 참 행복합니다.

배를 곯아 힘이 하나도 없을 때에는 먹는 것만 해결하면 행복할 줄 알았습니다. 그런데 집에서 살 때 느끼지 못했던 기다림과 그리움이 얼마나 절실한 꿈인지 이제야 겨우 알 것 같습니다.

헛꿈으로 끝나 개꿈 될지라도/ 날 버린 주인 이해하기로 했다/ 삶 얼마나 팍팍하고 고단했으면/ 날 쓰레기 같이 내동댕이쳤을까/ 끼니 오는 게 여름 손 같던 시절/ 사람들도 제 새끼 개 같이 버리고/ 성냥개비처럼 타들어간 적 있으니/ 개꿈으로 끝나 헛꽃 필지라도/ 밤낮으로 일삼아 꿈꾸기로 했다 / 영영 불어오지 않을지도 모를 바람/ 목 빼고 기다리다 허방 깊이 짚어도/ 궁금했던 안부 속에 숨은 그리움/ 눈물 나지 않게 꺼내 읽으려 한다/ 개만도 못한 사람이란 내게도 치욕/ 개도 그리운 꿈 하나씩 안고 산다

— 졸시 「개꿈」

(2016. 1. 10.)

목요일기 3

어둠이 물러서지 않은 이른 시간에 어디선가 "목요야!" 하고 부르는 소리가 들렸습니다. 바람이 장난 삼아 부르는 소리라고 여기고 그냥 넘겼는데 그 소리가 점점 가깝고 크게 들렸습니다. 내 집이 있는 다리 밑에 긴 명패까지 만들어 붙여준 주인이었습니다. 따스한 물과 밥은 물론이려니와 사람소리를 들을 수 있어 좋았습니다. 금강산도 식후경이라고 주인이 준 밥과 물을 먹고 나서 주인을 따라 산책을 했습니다.

어둠이 완전히 걷히지 않는 이른 시간에 고요한 길이 묵방산을 향해 누워 있었습니다. 이 길을 따라 산을 넘으면 내가 살았던 옛 집이 나올지 모르겠다고 생각했습니다. 주인이 다른 날보다 유별나게 일찍 산책을 나온 이유가 궁금했습니다. 물어볼까 말까 망설이고 있을 때 눈치를 챈 듯 아침 일찍 나갈 일이 생겨 빨리 왔다고 했습니다. 그리고 두 사람이 날 데려다 기르고 싶다는 말을 했다고 전해줬습니다.

그러나 난 아직도 옛 주인을 기다리겠다고 말했습니다. 사람들은 정치가 생물이니 뭐니 하면서 마음 바꾸는 것을 고무신 바꿔 신듯이 쉽게 하지만 나는 그렇게 사는 게 싫습니다. 사람들이 하는 "개 같은 ×"이라는 욕은 우리 개를 정말 모욕하는 말입니다. 우리 족보에 보면 충성스럽고 의로운 삶을 산 충견과 의견이 수없이 많습니다. 충견과 의견 정도는 아닐지언정 주인이 날 버렸다고 나도 곧바로 주인을 배신하고 싶지 않습니다.

화심소류지 근처에 이르러 어둠이 껍질을 벗기 시작했습니다. 주인은 가던 길을 멈추고 손 전화를 꺼내 저수지 물을 찍기 시작했습니다. 놀란 물오리 떼가 물 위에 굵직굵직하게 선을 그으며 공중으로 날아올랐습니다. 내 눈에는 그냥 물일 뿐인데 주인은 한 바구니만큼 느낌표를 연신 쏟아냈습니다. 옛 주인을 따라 낚시를 몇 번 간 적이 있지만, 저수지 물을 보고 그렇게 신이 난 사람을 본 일이 없습니다.

주인은 그것이 윤슬이라고 말해주었습니다. 주인 말을 듣고 저수지 물을 자세히 들여다보았습니다. 물살을 누군가 접었다 펼쳤다 하는 것 같기도 하고 안쪽이 밝으면 바깥이 어둡고, 바깥이 밝으면 안쪽이 어두워, 오랫동안 눈을 뜨고 볼 수 없었습니다. 마치 수많은 꽃이 일제히 한꺼번에 피는 것 같기도 하고 같이 지는 것 같기도 했습니다. 우리 눈에 보이는 것을 무심코 버리면 쓰레기에 불과하지만, 생각을 집어넣고 잘 다듬으면 꽃이 된다는 것을 알았습니다.

요즘 많은 생각이 머릿속에서 시루에 있는 콩나물처럼 자랍니다. 옛 집에서 살 때는 밥 챙겨주면 먹고 배부르면 기껏해야 한숨 자는 게 일이었습니다. 그리고 눈앞에서 왔다 갔다 하는 파리랑 부질없이 싸움박질하다 보면, 하루가 후회할 겨를 없이 날아가 버렸습니다. 지금 몸은 고달프고 힘겹지만, 내 생각의 창고는 그동안 전혀 깨닫지 못하고 외면했던 생각들로 차곡차곡 쌓였습니다. 철딱서니가 없었는데 이제 철이 좀 난 것 같습니다. 지금까지 견공으로 살아오면서 내 자신이 처음으로 부자라고 생각했습니다.

잠시 잠깐 만남 뒤에는 어김없이 이별이 울퉁불퉁하게 찾아왔습니다. 나는 주인을 따라가 주인이 사는 집을 구경하고, 그곳에 사는 두 친구도 만나고 싶습니다. 그런데 주인은 내 집이 있는 다리에 이르면, 손을 흔들며 서둘러 이별을 통지합니다. 몇 발자국이라도 더 디디고 나서면, 간간한 말투로 내 발을 꽁꽁 묶어버립니다. 지식인이 즐겨 쓰는 "충격적 수사"라는 말이 스쳐지나갑니다. 간간한 말투를 충격적 수사라 간주하고 내 마음을 달래보지만, 또 혼자 덜렁 남게 되었습니다.

누군가 곁에 머물러 서로 체온을 나눠 가지며 사는 것은 영원히 동화 속에만 나오는 이야기일까요?

(2016. 1. 11.)

제5부

가을앓이

가을앓이

 여름 내내 그토록 내릴 줄 모르던 비가 가을 끝자락에 이르러 잦아졌다. 비에 젖은 무게만큼 선착순으로 땅으로 떨어져 내리는 낙엽이 유별스럽게 짠하다. 한 3주 동안 잠을 자지도 못하고 거의 먹지 못했다. 가슴에 불덩이 같은 것이 고무풍선처럼 부풀어 오르다 가슴이 터질 듯이 아팠다. 수면유도제를 먹어도 잠이 오지 않고 겨우 잠이 들면 어김없이 3시간 만에 깼다. 밥 냄새를 맡으면 구토가 나왔고 물을 넘기는 것조차 힘이 들었다. 이런 상황이 되자 운동하면서 다이어트를 해도 빠지지 않던 살이 많이 빠져나갔다. 숨 쉬는 것마저 여의치 않자 차라리 숨이 멎는 게 낫겠다는 생각까지 들었다.
 주변에서 갱년기 증세라 하기도 하고 가을을 심하게 타는 것이라고 하면서, 병원에 들러 상담을 해보라고 권유하는 사람이 많았다. 마음속에 있던 평화가 깨지자 걷잡을 수 없이 흔들리고 일상은 엉망이 되었다. 마치 온몸에 있는 혈관이 막히듯 소통할 수 있는 통로가 막혀, 낮은 낮대로 어둡고 밤은 밤대로 고통스러웠다. 휴대폰에 이런저런 전화번호까지 합쳐 800명 정도 되는 전화번호가 있었지만, 어느 누구에게도 손을 내밀 만한 사람이 없었다. 완전하게 고립된 상태에서 공황상태가 되었다.

부모님과 함께하는 아침 식탁은 무거웠고 날 걱정하시는 어머니까지 덩달아 밥맛을 잃으셨다. 작업실을 오가는 길이나 학교를 오가는 길 곳곳에 박힌 평화가, 견딜 수 없는 통증으로 다가왔다. 내게 늘 운명처럼 들어앉았던 평화가 겨울 산처럼 차디찼다. 오장육부는 비에 젖은 비닐처럼 달라붙어 시름시름 야위었고 지독한 위통에 시달렸다. 이런 가운데 평화가 앓고 있는 아픔의 무게를 생각하며 자지러지거나 까무러쳤다. 시인은 철이 들면 글을 쓸 수 없다는 말을 막대기처럼 세워놓고 그 막대 주변을 해시계처럼 빙빙 돌았다.

여전히 밥을 먹지 못해 영혼까지 기진맥진해지고 잦아진 가을비처럼 눈물이 흔해져 울컥울컥하던 날, 낯선 평화가 동그랗게 아픈 통증을 감싸주었다. 거짓말처럼 온몸 곳곳에 도사리고 있던 통증이 터벅터벅 걸어 나왔다. 그리고 쪽빛 바다가 눈앞에 펼쳐졌다. 감히 바다를 바다라고 명명할 수 없었던 그해 겨울바다는 알 수 없는 설렘으로 오랫동안 날 지배했다. 불통의 시간 동안 소설처럼 간절하게 써내려갔던 그 바다를, 평화가 먼저 노래하였다.

한낮의 바다가 눈부시게 투명했다면, 저녁 무렵 바다는 너무 황홀하여 정신을 붙잡고 있을 수 없었다. 하늘로 떠오르던 물새가 석양 속으로 붉게 빨려 들어가고, 고요해진 파도의 침묵은 어둠 속에서 내숭을 떨었다. 일출에 대한 여운 때문에 발길이 무거웠던 그 아스라한 기억의 조각들이, 아직 제자리를 찾지 못하고 있다. 밤새 제 품에 품었던 해를 아침에 끄집어내는 바다는 과연 어떤 표정을 지을까. 커피라떼에 새긴 하얀 하트처럼 간당간당 웃을까. 아니면 무릇무릇 피어나는 꽃무릇처럼 애절할까.

바다가 한눈에 내려다보이던 소박하다 못해 허름한 밥집, 그 집에서 지웠던 비릿한 허기와 혀끝을 감도는 곡주의 여운은, 시간이 흐를수록 더 명료해졌다. 매서운 해풍에 녹슬지 않고 허공에 길을 놓고 있던 다리는, 지금도 그 자리에서 바람 소리를 내며 울고 있으리. 맘으로만 수없이 허공에 내밀었던 차가운 손, 그 손 파라솔처럼 펼 수 있으리. 운명 같은 평화 받들어 추워 떨지 않게 감싸리.

이른 아침부터 내리던 비가 늦은 밤까지 그칠 줄 모르며 계속 흐느껴 울고 있다. 독하게 머물렀던 가을앓이를 한꺼번에 쫄딱 지우기라도 하듯이 내린다. 각자의 골목을 빠져나왔던 사람들이 그 골목을 비집고 귀가하고 있다. 세상에서 가장 애타고 애절한 것을 기다림이라고 했던가. 그 기다림의 끝에서 평화의 심장 소리를 경청한다.

(2015. 11. 19.)

빈칸

 강의동으로 오르다 나무 계단에 옹기종기 모여 있는 햇살을 보는 순간 눈물이 울컥 쏟아졌다. 학생 몇몇이 앞서가고 있었지만 설령 들킬지라도 개의치 않기로 했다. 단순히 가을을 탄다는 식으로 진단하기에는 불충분한 감정이 온몸에 전류를 타듯 흘렀다. 연구실에 앉아 있는 게 답답하여 수업시간을 훨씬 앞당겨 나온 김에 좀 걷기로 했다. 도서관 근처에 있는 단풍나무는, 가을을 안방까지 깊숙이 초대하여 물들고 있다. 누군가에게 물들어 간다는 것은 아픔을 동반한다. 나무가 앓는 아픔이 낙엽이 되어 가지런히 떨어지고 있다.
 의자에 앉아 하늘을 올려다보았다. 맑고 투명한 구름이 빈칸에 들어갈 단어를 채우기라도 하듯 길을 트고 있다. 빼곡하게 채워 있는 줄만 알았던 넓은 하늘에도 빈칸이 있었다. 그 빈 곳을 구름이 채워주고 있었다. 그랬구나. 그랬었구나. 이런 생각 끝에 문득 내 자신이 빈칸 같았다. 잠시도 쉴 틈 없이 앞만 보고 달려오다 돌부리에 걸려 넘어질 때가 많았다. 이런 날은 여지없이 무릎이 깨져 절뚝거리거나 휘청거렸다. 이때는 정말 먼 바다에 홀로 떠 있는 돌섬처럼 외롭고 고독하고 시렸다.

길 가는 게 너무 버거워 가던 길을 멈춰 버릴까, 우주 밖으로 튕겨나가 버릴까, 빛보다 빠른 속력으로 달리다 자연발화 되어 훨훨 타 버릴까, 무수히 생성하는 의문들과 싸우다 녹초가 되었다. 이때 꿈처럼 글이 다가와 손을 잡아주었다. 그도 나만큼 많은 아픔을 온몸에 지문처럼 새기고 뾰족하게 날 선 아픔을 조약돌처럼 만들며 살아왔다. 그래서였을까. 나와 그 사이에 수로처럼 길을 닦고 서로를 들락거리며 빈칸을 나란히 채웠다. 그를 만난 후 숨구멍 하나하나에까지 그가 들어앉아 있어 따뜻하게 행복했다. 그리고 생각의 중심에 그가 한순간도 떠나지 않고 늘 존재했다.

코끝에 스치는 바람꼬리를 붙잡고 그의 마음을 그려냈고, 석양 무렵에 꽃처럼 피어나는 가로등 불빛을 보고 그 겨울 그 바닷가 등대를 떠올렸다. 카페라떼에 새긴 사랑 무늬가 지워질 것 같아 차마 손 댈 수 없었던 저녁, 대낮 옥빛으로 누워 있던 바다에 밤이 이불자락을 깔 무렵 심장은 왜 그리도 뛰고 졸아들었을까. 감히 바다를 바다라 하지 못하고 아픔이라고 단언하고서 열병을 앓았던 그해 겨울은, 고질병 같은 추위까지 비껴갔다. 그를 만나 곳간에 시를 쌓고 부자까지 되었다.

그런데 요즘 글이 몹시 아프다. 믿었던 언덕이 무너지면 누구든 배신감 때문에 몸서리 칠 수밖에 없다. 그 언덕에 함께 매몰될까 봐 글이 달아나려고 한다. 그래서 나도 아프다. 이 눈으로 다른 글을 읽는다는 것은 이 입술로 다른 글을 말한다는 것은 아예 생각 안에 없었다. 행여 그런 것이 생각 안으로 들어올까 봐 무섭고 두렵다. 두 발을 함께 묶어 단풍이 들기 시작한 모래재를 넘다 꿩 울음소리라도 듣고 싶다. 그리고 아픔의 경전을 읽으며 빈칸을 다시 채우고 싶다.

시간 앞에 닳아지지 않는 것 없고 조건에 따라 날개 무게가 달라지지 않는 게 없는 약삭빠른 세상이다. 하지만 난 그 글을 영혼처럼 껴안고 살고 싶다. 줄 게 부족하여 아프고 그의 빈칸을 채워줄 수 있는 게 없어 미안하다. 그러나 그의 빈 곳을 내 혼으로 채우고 싶다. 비록 아플지라도 그에게로 기울어 물들고 싶다. 늦은 오후 들면서 기력이 쇠해진 가을 해가 산잔등에 걸렸다. 잎마다 꿩 울음 새긴 모래재 단풍들도 이때쯤이면 서로 뺨을 어루만지며 제 몸을 손수건 삼아 눈물을 닦아줄 것이다. 설레게 기다리는 글이 원고지 같은 빈칸으로 한 걸음씩 다가오고 있다.

(2015. 10. 23.)

핑계

『논어』 제9편 「자한」 제30절에 "산앵도나무 꽃이 펄럭펄럭 나부끼네. 어찌 그대 그립지 않으리요마는 그대 머무는 곳 너무 머네. 공자께서 이 시에 대해 말씀하셨다. '그리워하지 않는 것이지, 진정 그리워한다면 어찌 거리가 멀 까닭이 있겠는가?'"라는 말이 나온다. 얼마 전 심하게 가을앓이를 하면서 세상에서 홀로 고립된 기분을 느꼈다. 이런 경험을 한 지인들이 여러 가지 처방을 알려주거나 자신이 겪은 경험을 이야기 해주었다. 그러나 내가 앓고 있는 병을 내 자신이 잘 알고 있었기 때문에 끙끙 속앓이만 했다.

어떤 이를 그리워하면 속을 새까맣게 태우거나 밤을 하얗게 지새워야 한다. 차라리 손발이 골절되면 수술을 하고 일정 기간 동안 재활치료를 하면 치유되지만, 그리움의 통증은 가혹하리 만큼 질기고 아프다. 가면상태에서 잠시 잠깐 숙면에 빠지는 순간 외에 온 생각이 그리워하는 대상을 향한다. 온전하지 못한 상태에서 끼니는 거르지 않았는지, 약은 제때 먹었는지, 빗길에 안전운전을 하는지, 속상하는 일은 벌어지지 않았는지, 콩나물 한 시루만큼의 의문부호가 머릿속에서 날마다 수북하게 자랐다.

어느 날 운명처럼 다가 온 첫 마음, 그 첫 마음으로 인해 내 시의 뿌리가 무성하게 자랐고 내 시의 곳간은 날마다 부자처럼 쌓여갔다. 어느 날 운명처럼 찾아 온 나의 첫 독자, 그 독자로 인해 내 시는 살이 찌고 혈색이 돌았다. 비록 어쭙잖은 풋시지만 시를 쓰면서 자존감을 가졌고 이 세상 사람들이 해독하지 못해도 유일한 독자가 알아주는 것만으로, 행복한 글쟁이가 되었다. 첫 독자를 위한 시, 첫 독자를 노래한 시, 첫 독자를 지지하는 시를 쓰려고 늘 안간힘을 썼다.

11월 끝에서 우연히 만난 철쭉 세 송이를 보고 눈물 터지도록 아리아리한 사랑, 11월의 철쭉으로 피어 그대 곁에 머물고 싶다고 했다. 안개 속에서 유일하게 서 있던 것은 나무뿐이었다. 작심하듯 지우겠다고 한 말이 얼마나 아팠던지, 풀푸레나무 한 그루를 보고 따스하게 기립하여 그 사람처럼 거기 있었다고 했다. 산책길에서 만난 낙엽들, 서걱서걱 바람 지나는 길을 트고 바람에 저를 가만가만 맡긴 채, 뼈째 흔들리어 서로에게 기울어지고 있었다. 이런 낙엽을 보고 바람 앞에서도 뼈째 기울어가는 사랑을 그리워했다.

　요즘 가을비가 너무 잦다. 빗속 소걸음으로 다가오는, 아니 자꾸 달아나려고 하는 물빛같이 그리운 사람, 내게 다다르기 전에 내게서 도망치기 전에 그 사람에게 먼저 맨발로 달려가고 싶었다. 역시 무수하게 쏟아지던 빗방울이 차창에 물구나무서기를 하던 날, 내 눈에도 에누리 없이 비가 울컥울컥 흘러내렸다. "어찌 그대 그립지 않으리요마는 그대 머무는 곳 너무 머네." 이것은 공자가 지적한 것처럼 "그리워하지 않는 것이다." 정말 그리워한다면 거리는 아무런 조건이 될 수 없다.

　그리움에는 조건이 붙을 수 없다. 그리움은 시공을 초월한다. 절박하게 그리워하지 않고 절실하게 그리워하지 않기 때문에 핑계가 따라 붙는다. 그리움에는 핑계가 있을 수 없다. 그리움은 아무리 잘라도 다시 자라는 손톱과 같다. 그리움은 끊어도 다시 자라는 도마뱀 꼬리와 같다. 그리움은 샘과 같아서 아무리 퍼내고 퍼내도 다시 차오른다. 그리움은 낮과 같아서 어둔 밤에도 훤하게 바라볼 수 있다. 비가 오면 빗물이 되어 그 사람에게 흐르고 눈이 오면 눈이 되어 그 사람에게 쌓인다. 무엇이든 내어주어도 아깝지 않다. 줄 수 없는 게 많아서 가슴 아플 뿐.

빗소리가 사무치게 쏟아지고 있다. 그리운 이여! 스스로 목을 베고 떨어지는 빗줄기가 되어 그대에게 젖어드나니, 그대 영혼 속에 묻히고 싶나니.

(2015. 11. 25.)

순두부찌개

 귀촌하여 사는 곳이 순두부로 유명한 음식점이 있는 인근 마을이다. 이곳은 땅에 돌이 많고 비옥한 편이 못 되어 예부터 주로 콩을 많이 길렀다 한다. 그래서 이 지역에서 난 콩으로 두부를 만들어 파는 것이 시초가 되어 두부음식점이 많이 생겼다. 값이 다른 음식에 비해 비싸지 않고 건강식이라는 이유 때문에 예나 지금이나 많은 사람이 즐겨 찾고 있다.
 덕분에 밥때가 어중간하거나 입맛이 시큰둥해질 때 시내까지 나가지 않고도, 편하게 들러 한 끼 정도 해결하기엔 안성맞춤이다. 방학에다 모처럼 특별한 일정이 없었을 뿐만 아니라 날씨가 봄날 같이 따스하였다. 온실 속에 넣어 둔 분재 화분에 물을 주고 문을 열어두었다. 복수초 다음으로 피는 영춘화는 가지마다 이미 꽃망울을 주렁주렁 매달았다. 만삭이 된 왜철쭉은 곧 양수가 터질 것 같다.

평소보다 먼 길을 걸었다. 길을 걷는 것은 단순한 보행이 아니라 내 자신과 만나는 시간이다. 그리고 시감을 찾는 시간이기도 하다. 내가 쓴 시는 대부분 산책을 하면서 떠오른 시상을 붙잡은 것이다. 마음의 문을 열고 눈을 크게 뜨고 찬찬히 걷다 보면 천지가 다 글밭이다. 전기울타리에 보일 듯 말 듯 핀 서리꽃, 안개비 내린 뒤 가지 끝에 만발한 물꽃, 사람들 발길에 차이고 밟히면서도 서로 길바닥에 어깨동무하고 사는 돌멩이에 이르기까지 어느 것 하나 건성으로 넘길 게 없다.

아침을 대충 먹고 나선 탓인지 당황스럽게 허기가 몰려 왔다. 주말이지만 작업실로 출근하다시피 해온 터라 몸을 씻고 이른 점심을 먹으려고 집을 나서 순두부집에 들렀다. 내 돈 내고 밥을 먹으면서도 '나 홀로' 시키는 식사는 괜히 떳떳하지 못할 때가 있다. 워낙 사람들이 많아 구석진 곳에 자리를 잡고 앉아 모 문학회에서 보내준 동인지를 넘겼다.

한참 후 순두부찌개가 나왔다. 뚝배기에서 팔팔 끓는 순두부에 부추를 담뿍 넣고 식기를 기다렸다. 함께 나온 앞 접시가 온몸에 시커멓게 화상을 입고 있었다. 여기저기서 반찬보다 앞 접시를 찾는 사람들이 더 많았다. 자세히 들여다보면 성한 곳이라고는 한 군데 없이, 멍들고 불타 볼품 하나 없는 앞 접시를

이 사람 저 사람이 찾는 이유가 무엇일까.

뜨거운 찌개를 앞 접시에 한두 술 뜬 다음 식기를 기다렸다. 그렇지 않으면 자칫 혀나 입속을 델 수 있기 때문이다. 바로 옆자리에 젊은 연인이 앉아 식사를 하였다. 한눈에 봐도 서로를 바라보는 눈길이 뚝배기에서 팔팔 끓는 순두부찌개 같은 사랑을 하고 있었다. 서로에게 건네는 말씨뿐만 아니라 반찬을 상대방 숟가락에 얹어 주는 폼이 얄싸하지 않고 부드럽고 순했다.

뚝배기에서 팔팔 끓는/ 순두부찌개를 바라본다/ 손처럼 딸려 온 앞 접시/ 불에 덴 화상 온몸에/ 검은 꽃으로 피어있고/ 뜨겁게 끓은 순두부/ 뚝배기에서 다시 끓어/ 앞 접시에 한두 술 뜨고/ 짧게 침묵하며 기다려야/ 혀 데지 않고 제 맛 안다/ 우리네 사랑도 때로는/ 앞 접시에 한두 술 뜨고/ 침묵하면서 기다리거나/ 너무 차지 않게 호호 불어야/ 식지 않고 따스해지리라/ 넘 뜨겁지 않게 후후 불어야/ 데지 않고 싱싱해지리라/ 염사없이* 먹은 밥처럼/ 속 허전하지 않으리라

— 졸시 「순두부찌개를 먹으며」

(2016. 1. 2.)

*염사없다: '마음이 없다'는 전라도 말

제6부

골육상쟁

8월의 마당

 유례없는 폭염이 계속되면서 열대야 현상도 길어지고 있다. 입추인데도 가을 추秋자가 무색할 정도로 지독하고 끈질긴 무더위가 기세를 잃지 않고 있다. 이른 아침 드러난 햇볕도 땡볕 그 자체여서 분재화분에 물을 주고 나니 온몸이 땀으로 범벅이다. 폭염 아래 생명이 있는 것은 죄다 시들시들하거나 맥을 쓰지 못하고 축 늘어져 있다. 주차장에서 현관으로 이어진 정원 화단에 심은 철쭉은 잎이 푸석푸석해졌고 가을이면 정원을 노랗게 밝힐 소국은 까칠해졌다.
 부모님께서 고추밭에서 딴 초벌 고추를 마을 지인 건조기에서 말려온 후 며칠째 널고 계신다. 여기에다 여러 날 참깨를 말리셨다가 터는 일까지 하신다. 이런 날 가장 힘든 것은 맑았던 날이 갑자기 소나기가 쏟아져 잘 말린 고추나 참깨가 비에 젖는 것이다. 이렇게 되면 그동안 애써 지은 고추나 참깨 농사가 허망하게 되고 만다. 다른 밭농사와 달리 고추는 손이 많이 간다. 바람에 넘어가지 않게 지주대를 세워 묶고 잎을 솎거나 따줘야 한다. 비가 내리면 탄저균에 감염되기 쉽기 때문에 비 갠 후 농약을 하고 영양제를 수시로 뿌려야 한다.

고추를 따는 것도 쉬운 일이 아니다. 고랑 사이를 오가며 허리를 구부려 따기 때문에 허리뿐만 아니라 온몸이 쑤신다. 딴 고추를 수돗물에 여러 번 씻어서 고추건조기에 말린다. 기계로 건조시킨 고추를 밤이슬을 맞히고 다시 햇볕에 3~4일 정도 말리면 색깔이 예쁘다. 참깨 농사도 고추 못지않게 손이 많이 간다. 참깨를 벤 다음 잎을 딴다. 그래야 참깨 대가 말라 깨를 털 때 지저분하지 않고 깨를 수월하게 골라낼 수 있다. 등이 굽으신 아버지와 허리가 굽으신 어머니께서 밭일 하시는 것을 보면 마음이 편치 않다. 해마다 적게 심거나 아예 그만두시라고 해도 두 분 의지를 매번 꺾지 못했다.

텃밭이 집과 바로 이웃하고 있어, 걸을 일이 없고 멀쩡한 땅을 놀리는 것은 자연에 대한 섭리를 거슬린다는 이유 때문이시다. 어떤 책에서 본 기억으로 부모님께 효도하는 방법 가운데 하나가 일거리를 적당하게 드리는 것이라 했다. 이 말에 전적으로 공감하지만 힘에 너무 부치게 일을 하시니 자식 입장에서 늘 불만이다. 해마다 고추 심는 철이 되면, 적게 심으라는 아들과 알았다 하시고는, 예년과 같은 양을 심거나 더 심으시는 부모님 사이에 보이지 않는 긴장감으로 팽팽하게 대치한다.

우리 식구가 먹을 것만 하면 그렇게 힘들게 하실 필요가 없다. 천성적으로 나눠 주시기를 좋아하시는 부모님은 300그루 심으나 500그루 심으나 힘쓰는 것은 매한가지라 하신다. 고생하셔서 지은 것을 동생들은 물론이고 목사님, 처형, 주변 지인들에게 나눠주신다. 깨도 마찬가지다. 참기름으로 짜서 고춧가루와 함께 두루두루 나눠 주신다. 부모님께서 건강하셔서 그렇게 하면 흐뭇한 마음이 생기겠지만, 그렇지 못해 속이 상하다. 종합병동인 어머니나 팔순을 넘기면서 힘이 쇠약해진 아버지가 안쓰럽고 옆에서 도와드릴 수 없어 죄송하다.

8월, 우리 집 마당은 고추 마르는 매콤한 냄새와 고소하게 참깨 터는 냄새가 바람이 불어가는 쪽을 향해 날고 있다. 빨갛다 못해 검붉게 마른 고추는 건조기 속 고열을 이기지 못해 저마다 허리가 구부러졌다. 햇볕을 공평하게 받게 하려고 허리 굽은 고추를 하나하나 뒤집고 계시는 어머니 역시 햇볕에 고추처럼 매콤하게 마르셨다. 어머니는 팔십 평생을 달짝지근하게 사신 삶보다 왕소금처럼 짜고 고추 같이 매운 삶을 더 살아오셨다. 참깨도 마르면 대가 휘어지고 굽어진다. 깻대가 잘 마르게 하려고 뒤적거리시는 아버지 굽은 등 위로 땡볕이 사정없이 떨어지고 있다. 아버지 역시 잘 마른 깻대처럼 많이 마르셨다.

  입맛과 밥맛을 함께 잃기 쉬운 요즘, 부모님 덕분에 매일 신선한 야채와 겉절이, 나물이나 김치를 먹는다. 때로는 고기타령을 하며 철없이 반찬투정을 하지만 매일 아침 어머니께서 해주신 찬으로 진설한 황제의 밥상을 받는다. 고추 외에 농약을 전혀 하지 않고 기르고 천연조미료만 넣어 조리한 것들이니 황제의 밥상일 수밖에. 우리 집 8월의 마당은 땡볕과 더불어 풍년이 거대한 날개를 펴고 날아와 매콤하고 고소하게 내려앉았다.

(2015. 8. 10.)

계란

연일 폭염주의보에 열대야 현상이 계속 되고 있다. 날씨가 더운 탓도 있지만 원래 일찍 잠자리에 들지 못한 성격 탓에 요즘 잠이 늘 부족하다. 비록 풋시인이지만 글쟁이는 밥 먹듯이 날마다 글 쓰는 일을 게을리하면 안 된다고 생각한다. 이런 신념 때문에 서재에서 글감을 사냥하고 글을 요리하다 보면 새벽 한두 시가 금방 되고 만다. 어머니는 이른 새벽에 일어나셔서 텃밭에서 고구마 순과 부추를 뜯고 가지를 따서 아침 찬거리를 만드신다. 주방이 서재 바로 옆이라 어머니께서 조심한다고 하시지만, 잠이 깨고 만다. 날마다 날을 세우고 아침에야 잠을 자는 훈용이 때문에 집사람은 훈용이 자는 시간에 맞춰 겨우 잠을 이룬다.

그래서 아침 식탁은 부모님과 함께 늘 셋이다. 요즘 부쩍 입맛이 떨어진 부모님께서 밥을 물에 말아 드시는 일이 잦다. 특히 어머니는 틀니 때문에 물에 말아 드시는 것이 편하다 하며 내 눈치를 살피신다. 나물에 비벼 드시거나 국에 말아 드시라고 늘 볼멘소리를 내가 하기 때문이다. 이럴 때마다 어머니께 한 됫박이나 되는 불만과 짜증을 늘어놓은 것에 대해 후회한다. 어머니 치아를 온전하게 해드릴 만큼 시간적, 경제적 능력이 없으면 말이라도 부드럽게 해야 하는데, 그렇게 행동하지 않는 경우가 많기 때문이다. 죄송함을 조금이라도 덜어내려고 냉장고에서 계란을 꺼냈다.

시장을 볼 때마다 빠뜨리지 않고 사는 게 계란이다. 다른 식재료에 비해 값이 싸고 특별한 요리기술이 없어도 다양하게 쓸 수 있기 때문이다. 계란으로 할 수 있는 가장 흔한 요리는 계란프라이다. 프라이팬에 올리브유를 적장하게 붓고 어느 정도 달궈지면 계란을 깨뜨린다. 아무리 손쉬운 것이지만 한눈팔면 태울 수 있으므로 잘 보았다 적기에 뒤집어야 한다. 어머니가 드실 것은 완숙시키지 않고 좀 부드러울 때 꺼내고 아버지는 치아가 좋기 때문에 매 익혀서 드린다. 집사람은 계란을 하루에 한 개 이상 먹으면 건강에 오히려 해가 된다고 걱정을 한다. 전문가들이 한 말이니 참고하되, 기분 좋게 먹고 즐겁게 일하면서 잘 소화시키면 별 문제 없다는 것이 내 지론이다. 계란을 날마다 몇 개씩 먹고 집안에 박혀 꼼짝하지 않는 사람은 문제가 될 게 뻔 하다. 이런 상황이 아니라면 먹는 것 때문에 강박관념에 굳이 빠질 필요가 없다.

입맛이 없을 때 계란탕은 입맛을 돋우는 별미다. 계란을 저어서 잘 푼 다음 소금으로 간을 한다. 이때 양파와 파, 청양고추를 약간 썰어 물 반 컵을 붓고 뚝배기에 올린다. 그리고 약한 불에 놓고 밑이 타지 않게 계속 저어준다. 계란탕은 간을 잘 맞춰야 하고 타지 않아야 맛있게 먹을 수 있다. 라면을 끓일 때 계란을 잘 활용하면 라면을 맛있게 먹을 수 있다. 라면 역시 계란탕을 만들 때처럼 뚝배기에 끓여야 제 맛을 낸다. 통마늘 서너 개를 잘게 빻아 물에 넣고 끓이면 마늘 냄새가 그윽하게 난다. 이때 스프를 ⅔정도만 넣고 물이 팔팔 끓으면 라면 사리를 넣는다. 그리고 양파나 대파, 묵은김치 씻은 것을 썰어 넣고 살짝 익힌 후 불을 끈다. 계란은 맨 나중에 넣고 저어주면 된다.

부모님께서 텃밭에서 이른 시간에 고추를 따시거나 깨를 거둬들이시는 날 아침 취사는 내 몫이다. 내가 주로 하는 요리는 김치볶음밥이다. 잘 숙성된 묵은김치를 양념 하나 없이 씻은 다음 물기를 짜낸다. 그리고 프라이팬에 올리브유를 붓고 볶는다. 밥도 마찬가지로 이렇게 볶은 다음 김치와 밥을 잘 버무려 참기름을 넣고 비빈다. 개인 접시에 밥을 푸고 계란프라이를 얇게 만들어 밥 위에 올리면 김치볶음밥이 된다. 이렇게 요리를 할 때 곁들이지 않고 삶은 계란을 간식으로 요긴하게 먹을 수 있다. 책을 보다 배가 출출하면 냉장고에 넣어 둔 계란을 커피포트에 넣고 서너 차례 끓이면 계란이 잘 익는다. 몇 번 끓이느냐에 따라 반숙과 완숙 정도를 조절할 수 있다. 이렇게 계란은 손쉽게 구할 수 있고 값이 쌀 뿐만 아니라 요리할 때 간단하게 곁들여 먹을 수 있는 서민적인 식자재이다.

계란은 겉이 반질반질한 타원형체이다. 계란껍질에는 수많은 기공인 숨구멍이 존재한다. 숨은 사람이나 동물이 코나 입으로 공기를 들이마시고 내쉬는 기운이다. 이러한 기운을 이어주는 통로가 바로 숨구멍이다. 숨구멍이 막히면 어느 생명체든 목숨을 잃기 마련이다. 계란껍질은 숨구멍 역할과 병아리가 나올 때까지 병아리를 보호해주는 보호막 역할을 한다. 계란이 원형이 아니라 타원형을 띠고 있는 것은 생명을 지키려는 생명에 대한 원초적인 보존본능이 개입해 있다. 암탉이 계란을 품을 때 계란이 원형이라면 다른 곳으로 굴러갈 확률이 높다. 계란을 평평한 곳에 두고 굴리면 한없이 구르지 않고 어느 지점에 이르러 멈춘다.

계란은 세상에 존재하는 사물 가운데 모성애를 가장 잘 드러내고 있다. 팔순이 다 되셔서 당신 숨 고르시기도 버거우실 텐데 자식들을 위해 기도의 숨을 멈추시지 않는 어머니. 그 기도는 계란껍데기와 같아서 자식들에게 혹 몹쓸 일이 닥치지 않게 바라시는 염원이시다. 또 타원형체를 잃고 잘못된 곳으로 구르지 않도록 바라시는 간절함이시다. 오늘 아침 물에 밥을 말아 드시는 어머니께 계란프라이를 해드리면서 계란처럼 생긴 어머니의 사랑을 환하게 읽었다. 퇴근길에 농협직매장에 들러 계란 한 판 사야겠다.

(2015. 8. 2.)

골육상쟁 骨肉相爭
― 아버지, 감사합니다

  무더위 속에서 오늘도 온종일 푹푹 찌는 하루였습니다. 고향을 떠나오셔서 저희와 함께 산 지 벌써 아홉 해가 됩니다. 시골 정원에서 자라던 금잔디가 주인을 따라 와 타향에 터를 잡고 눈 시원스럽게 자라고 있습니다. 유별스럽게 올해는 잔디가 부쩍부쩍 자라 일주일마다 한 번씩 잔디 깎는 일이 아버지 소일거리가 아니라 일이 되어 버렸습니다. 어머니께서 잔디 자라듯이 돈도 잘 자랐으면 좋겠다고 하시던 말씀이 맥없이 죄송스럽게 들렸습니다. 못난 장남뿐만 아니라 눈먼 손자 때문에 말년에 마음 편하게 살지 못하시는 부모님께 감히 고개를 들 수 없습니다. 맨날 시간에 쫓겨 가까운 편백나무 숲이나 대아리 수목원 한 번 모시지 못하고 허둥지둥 살고 있으니 말입니다.

아버지! 뉴스를 통해 보셨지요? 우리나라 재계 5위 그룹인 롯데 신동빈 회장과 신동주 전 일본롯데 부회장 사이에 벌인 형제간 경영권 분쟁에 관한 것을 말입니다. 우리나라에서 내로라하는 재벌인 삼성, 현대, 한진, 한화, 두산 역시 이런 일을 벌였습니다. 어디 재벌뿐이겠습니까? 고향 모씨네도 유산 때문에 동생이 형을 고발하고 형이 동생을 때려 반인륜적인 콩가루 집안이 됐지 않습니까? 우리 집 가난은 일생에 걸쳐 몸에 쌓인 먼지 같아서 좀체 털어낼 수 없었습니다. 아예 부모님께 물려받을 재산이 없던 터라 돈 많은 부모를 둔 사람을 보면 은근히 부러움 반 원망 반이 얽히고설켰습니다. 돈 많은 부모를 만나는 것도 능력이라 하지만 부모를 자식 맘대로 선택할 수 없으니 행운이겠지요.

저는 그런 행운을 타고나지 못했지만 아버지 아들이란 사실이 자랑스럽습니다. 아버지께서 저희들에게 물려주실 만한 재산을 가지고 계시면 열심히 살지 않았을지도 모릅니다. 아들자식이나 딸자식 할 것 없이 경제적으로 아주 잘살지 못하지만 부모 형제나 주변 사람에게 손 벌리고 성가시게 하는 사람이 없으니 우리 집 복이 아니겠습니까. 지독한 가난을 뼈에 새기며 자라왔기 때문에 가난한 사람 마음을 헤아릴 수 있습니다. 비록 제 입에 넣을 것이 부족해도 그들과 나눠 먹을 궁리를 늘 하며 살고 있습니다. 아마 동생들도 다 그런 마음일 것입니다.

아버지! 가난을 통해 다른 사람을 배려하고 이해할 수 있게 가르쳐주셔서 감사합니다.

　제가 집을 지을 때 대대로 살아 온 고향 집 판 돈을 집 짓는 데 보태 주셨지요. 그런데 동생 가운데 어느 한 사람도 이러쿵저러쿵 말 한마디 하지 않았습니다. 15년 된 차가 주행 중 불이 나 소방차가 출동하여 겨우 끈 사실이 있었습니다. 이때 아버지께서 마지막 남은 집안 땅 판 돈으로 차를 구입해 주셨을 때도 동생들은 말 한마디 하지 않았습니다. 다른 형제들에 비해 맏이라는 이유로 특혜를 누린 것에 대해 동생들한테 미안하고 고마운 마음 놓지 않고 있습니다. 저희는 아버지께서 재벌가 창업주가 아니라는 사실이 자랑스럽고 감사합니다. 세상 돌아가는 것을 보면 돈 앞에 우정이나 형제애는 날인하지 않는 계약서와 같으니 말입니다. 저희 형제 사이를 벌려놓을지도 모를 갈등과 분쟁의 씨를 갖고 계시지 않으니 정말 감사합니다.

　아버지, 어머니께서는 종종 너희들에게 보태준 것이 없다고 하시지만 저희들은 받은 것이 참 많습니다. 밥 한 끼 배불리 먹기 어려웠던 시절, 다른 부모는 자식을 겨우 중학교만 보내고 집에서 일을 시키거나 공장으로 보냈습니다. 그리고 돈을 모으면 땅 사는 것을 적금 붓듯이 했습니다. 아버지, 어머니께서는 이런 것을 부러워하지 않으시고 오히려 얼마 되지 않은 논밭을 팔아 저희를 가르치셨습니다. 늘 사람이 제 것만 챙기고 제 배만 채우면 안 된다는 말씀을 귀가 솔도록 해주셨지요. 많은 사람과 부대끼며 살아오면서 제 것을 챙기기보다 손해보고 털리며 살아왔다는 생각이 죽순처럼 솟아오를 때가 있습니다. 이때마다 다시는 바보처럼 살지 않겠다고 다짐하지만 생각은 늘 제 자리를 맴돌았습니다. 그런데 돌이켜보면 제 것을 챙겼을 때보다 다른 사람에게 양보했을 때가 더 편안했습니다. 옷가게에 들러 치수가 맞는지 입어 본 옷처럼 서운함을 잠시 걸치고 망설였지만 곧 벗어버릴 수 있었습니다.

  아버지! 이게 다 어머니, 아버지께서 주신 선물입니다. 그리고 돈과 먼 길을 걸어가는 풋시인 아들을 지지해주셔서 감사합니다. 오늘 '골육상쟁'이란 말을 고물상에 갖다 주고 표구점에 들러 '골육상화骨肉相和'란 말을 표구해 돌아오고 싶습니다. 그리고 이 말을 저희 형제들 마음의 벽에 걸어두고 부유하지 않지만 늘 돈 앞에 주눅 들지 않고 팽팽하게 살겠습니다.

(2015. 7. 31.)

불효자식방지법

부모님과 함께 산 지 올해로 9년째 접어들었다. 서로 떨어져 살았을 때는 눈이 오면 눈이 오는 대로 비가 오면 비가 오는 대로 시골에 계신 부모님을 걱정하였다. 날씨가 더운 날은 더운 날 대로 추운 날은 추운 날 대로 근심하였다. 생선 한 토막을 먹어도 죄스럽고 과일 한 조각을 먹어도 목에 걸려 잘 넘어가지 않았다. 함께 살면 늘 맛있는 반찬에 좋은 음식을 해드리려고 마음먹었다. 그런데 막상 함께 살다보니 뜻하는 대로 해드리지 못해 서로 떨어져 살았을 때보다 더 힘든 적이 많았다.

새정치연합 민주정책연구원과 대한노인회는 지난 8월 24일 국회에서 정책토론회를 열었다. 이 자리에서 '불효자식방지법'을 추진하려고 현행 민법과 형법 개정 방향에 대해 논의했다.

'불효자식방지법'은 자녀에게 재산을 상속한 뒤 부양의무를 다하지 않을 때 상속한 재산을 환수할 수 있도록 하는 법안이다. 이 법을 국회에서 통과시키면 자녀를 상대로 상속한 재산을 환수할 근거를 마련할 수 있다. 새정치연합 민주정책연구원은 이 법 외에 이른바 '효도법안'을 발굴하기 위해 고심하고 있다. 효를 법적으로 추진하는 지경에까지 이른 세상이 되었다.

전원주택에 살면 겨울에 난방비에 대한 부담이 크다. 1층은 심야전기보일러를 쓰고 2층은 기름보일러를 가동한다. 아주 따뜻하게 쓰지 않고 적당하게 가동해도 1층과 2층을 합해 난방비가 한 달에 60여 만 원 정도 든다. 웬만한 시골 집 한 달 생활비 수준이다. 난방비가 많이 나오는 것을 아신 부모님께서 일정 시간만 보일러를 작동시키고 서둘러 끄신다. 시골집에서는 연탄보일러를 쓰셨기 때문에 따뜻하게 겨울을 지내셨다. 난방비에 대한 부담 때문에 국민신문고를 통해 부모를 모시는 세대에 대해 심야전기보일러 요금을 인하해 주도록 두 번이나 제안했다. 그때마다 계획이 없다는 답변만 들었다.

올해 초 완주군에서 주민을 대상으로 정책제안을 공모했다. '장애우나 노약자 도서배달 서비스'와 '노부모 동거세대 문패 제작'을 제안하여 군에서 두 개 모두 채택하였다. 그런데 '노부모 동거세대 문패'제작에 대해 개인 사생활을 침해한다는 여론이 많다며 취소하였다. 노부모 이름과 자녀 이름을 함께 새긴 문패가 사생활을 침해한다는 논리를 도저히 받아들일 수 없었다. 노부모와 함께 사는 것이 자랑스럽고 떳떳할 일일 망정 사생활을 침해한다는 것은 언어도단이다.

고령화가 급속하게 진행되고 있는 현실에서 자녀들에게 외면당하는 어르신이 많다. 노후에 대한 대책을 준비한 사람은 별 문제가 없지만 현재 노인 세대인 다수 어르신은 노후대책을 제대로 세우지 못했다. 자녀들 뒷바라지하느라 그렇게 할 여유나 겨를이 없었다. 정작 인생 말년에 자신을 희생하여 기른 자녀에게 버림받는 심정은 억장이 무너지는 기분일 것이다. 이런 상황에서 노인복지정책까지 후진성을 면치 못해 어르신은 이래저래 기댈 곳이 없다. "부모를 공경하라."나 "효 정신을 복원시켜야 한다."는 말은 무논에서 잃어버린 동전처럼 쓸모가 없다.

막연하게 효를 부르짖는다 하여 죽은 사람이 갑자기 살아 돌아온 것처럼 효가 되살아날 수 없다. 자기 부모에게 효심을 갖지 않는 사람은 다른 어르신을 공경할 리 없다. 2001년 효를 전문적으로 연구하는 지식공동체인 한국효학회를 창립하였다. 효를 교육하는 교재를 개발하고 효를 문화화 할 수 있는 문화체계를 이론적으로 구축하여 학문적 공감대를 형성하는 것이 창립한 취지이다. 이런 학문적 노력 못지않게 효를 생활 속에서 실천하고 체득하는 것이 중요하다. 아울러 효를 실천할 수 있도록 정책적으로 지원해야 한다. 예를 들어 노부모와 함께 사는 세대에 대해 주민세 감면 혜택이나 동절기에 난방비를 지원해야 한다.

불효자식방지법은 부모에게 물려받을 유산이라도 있는 자식들에게나 해당된 이야기다. 물려받을 유산 하나 없이 부모를 모시고 사는 가난뱅이 자식들에 대한 대책도 마련해야 한다. 추운 겨울 난방비가 무서워 노부모가 기거하는 방 보일러를 양껏 돌리지 못하는 자식들은, 추위보다 불효 때문에 더 춥고 속이 상한다. 이번 기회에 이른바 '노부모 동거 세대 지원법'도 제정해야 한다. 효는 마음만 가지고 실천할 수 없기 때문이다. 맹자 '만장 상'편에 "큰 효자는 죽을 때까지 부모를 사모한다."는 말이 있다. 이 땅에 큰 효자가 많이 나오려면 개인적인 윤리의식이나 경제적 능력 못지 않게 법적, 제도적 장치를 시급하게 마련해야 한다.

(2015. 8. 25.)

시래깃국 먹은 아침

 잠결에 믹서기 돌아가는 소리가 요란하게 들렸다. 잠시 후 시래깃국 끓는 냄새가 구수하게 났다. 텃밭에서 자란 열무가 너무 가물어 뻣뻣해지자 어제 부모님께서 가마솥에 삶아 시래기를 만드셨다. 올해 거둔 햇들깨를 갈아 넣고 끓인 시래깃국은 국물이 보얗고 향이 구수하여 달아난 입맛을 돌아오게 만들었다. 시래깃국이 밥상에 오른 날은 밥을 가반하기 마련이다.
 갓 삶은 시래기는 우리 집 밥상에만 머물러 있지 않고 좋은 이웃들을 향해 마실을 나섰다. 측백나무로 담이 면해 있는 뒷집 신부님 댁엔 뚝배기에 팔팔 끓는 채로 돌렸다. 어머니는 건강이 좋지 않아 정년을 앞당기고 전원으로 들어오신 신부님을 늘 염려하신다. 그리고 어김없이 챙기시는 분이 있다. 얼마 전

큰 병치레를 하신 교회 사모님이시다. 사모님 댁엔 삶은 시래기와 찬 이슬을 맞아 단단해진 가지, 아침에 누군가 놓고 간 호박을 함께 넣어 주셨다.

시래기는 돈으로 따지면 몇 푼 되지 않는 열무 나부랭이에 지나지 않지만 증명할 수 없는 정성의 결과물이다. 날이 가물어 비가 마치 허기진 사람에게 빵 한 조각처럼 간절했을 때, 땅에 묻힌 씨앗은 제 날짜에 움을 틔울 줄 몰랐다. 씨를 뿌린 지 두세 번 만에 싹이 겨우 올라온 것을 차양막을 쳐주고 흙이 마르지 않게 물을 주었다. 어린 싹이 스스로 제 몸을 일으켜 세울 즈음 차양막을 걷고 모기장보다 좁은 망을 쳤다. 농약을 하지 않기 때문에 병충이 접근하여 병에 걸리지 않게 미리 막기 위한 조치이다.

농사는 사람이 짓는 것이 아니라 하늘이 짓는다고 한다. 텃밭 한 쪽에 심은 열무는 물을 자주 줘서 길렀지만 비 한 번 내리는 것만 못했던지 안색이 까칠하였다. 어머니는 애당초 지난번 담그신 얼갈이김치가 떨어질 즈음 열무김치를 담그시려고 열무를 심었다. 그런데 워낙 가물어 열무가 너무 뻐시자 시래기로 만드셨다. 시래기를 삶을 때도 가스불로 삶지 않으시고 가마솥에다 장작불을 넣어 삶으셨다. 그래야 시래기가 제 맛을 낸다는 것이다.

아침을 깨작깨작 드시던 아버지도 시래깃국에 밥을 가반하시며 추어탕보다 더 맛이 있다고 하셨다. 술을 많이 마시는 사람은 다음 날 해장을 해야 한다고 한다. 평생 해장할 일이 없어 해장국을 먹어 본 적이 없지만, 아버지 말씀처럼 시래깃국이 추어탕보다 더 혀에 달라붙어 속을 시원하게 풀어주었다. 난 어머니 손맛에 익숙해져 오장육부가 간사해진 지 오래되었다. 원래 음식을 잘 가리지 않고 먹는 편이지만, 인공조미료를 넣은 음식을 먹으면 혀가 먼저 감지하고 위가 경고음을 울린다.

시골에 살다 보면 밥상에서 청개구리 울음소리가 들리거나 토끼가 몰려올 정도로 야채 일색이다. 이런 밥상에 익숙해져 끼니를 봄날 맞이하듯 하다가도 한 번씩 고기타령을 하며 반찬투정을 소갈머리 없이 할 때가 있다. 이럴 때마다 어머니는 우리 집 밥상이 보약이라고 하시며, 내 반찬투정을 선잠 깬 아이 재우듯이 다독이셨다. 그런데 시래깃국은 질리지 않고 밥을 도둑질하는 밥도둑이었다.

어머니께서 시래깃국을 끓인 아침은 다른 날보다 설거지 양이 더 많다. 통들깨를 간 믹서기와 들깨를 거른 거름망을 치우는 것만 해도 한 짐이나 된다. 어깨너머로 사는 것을 눈동냥하다 보면 뒤치다꺼리하는 것이 가장 성가신 것 같다. 설거지도 마찬가지이다. 개수대에서 시래깃국 먹은 흔적을 지우려고 고무장갑을 끼자 어머니께서 설거지를 하겠다고 하셨다. 어머니께 단호하게 다섯 번 정도 말씀 드려야 속내를 드러내신단 것을 안 것이 얼마 되지 않았다.

"그래, 그럼 니가 설거지 할래? 난 마늘 심으러 나가야것다."

(2015. 10. 3.)

아들의 설거지

　제대를 한 달 앞둔 큰아들이 마지막 정기휴가를 받았다. 날마다 새벽 일찍 부대로 출근하느라 아침을 스스로 알아서 챙겨 먹고 다녔다. 아침이라야 전날 밤 먹은 국에다 밥 한 술 정도 말아 먹거나 계란 프라이를 해 먹고 가는 게 대부분이다. 주방이 서재 가까이에 있어, 행여라도 내가 깰까 봐 까치발로 걷거나 숟가락 소리가 나지 않게 하려고 애쓰는 것을, 잠결에도 감지할 수 있다.
　부모님과 셋이 아침을 거의 다 먹을 무렵 휴가 중이라 늦잠을 잔 아들이 2층에서 내려왔다. 며칠 동안 제주도를 다녀온 부모님께서 텃밭에 밀린 일 때문에 밥을 대충 드시고 일어서셨다. 특별한 일이 없으면 아침 설거지는 내 몫이다. 한방병원에 들러 치료를 받고 학교로 가려던 참이어서 마음이 급했다. 내색을 전혀 하지 않았는데, 아들이 고무장갑을 끼더니 설거지를 하기 시작했다. 풀숲에서 뛰어나온 청개구리처럼 이심전심이란 말이 튀어나왔다.

주말이면 날밤을 새는 동생을 집사람 대신 봐 주고 바깥출입 한 번 하지 않고 동생 밥을 챙겨 먹인다. 빈말로 들리지만 앞으로 절대 결혼하지 않고 동생과 함께 살겠다고 하는 말을 서슴없이 한다. 장애를 가졌지만 어느 정도 앞가림을 하는 삼촌은 시설에 가서 생활할 수 있지만, 어느 것 하나 스스로 하지 못하는 동생은 자신이 맡겠다는 것이다. 그래서 가끔은 신학공부 하는 것이 부담스럽다고 털어놓는다. 돈이 있어야 동생을 편하게 돌볼 게 아니냐는 것이다. 이런 말을 들을 때마다 마음이 너무 아프다.

옷을 입고 나설 준비를 할 때 설거지를 마친 아들이 10분 정도 대화할 시간이 있냐고 물었다. 둘이 서재 침대 귀에 앉았다. 진지하게 꺼낸 말은 내년에 복학하면 한 학기만 등록금을 대달라고 부탁했다. 그리고 다른 학기는 아르바이트를 해서 스스로 해결하겠다고 했다. 더 이상 협상이 필요 없었다. 철부지로만 알았는데 어느새 속이 꽉 차 있는 아들을 보면서, 맨날 어쭙잖은 글 나부랭이나 쓴답시고 글에 빠져 허우적대는 내 자신이 가증스러웠다.

난 큰아들에게 설거지를 대물림해주고 싶지 않다. 중증복합 장애를 가진 아들 때문에 온 식구가 기본적인 생활을 제대로 하지 못한 형편에, 아침마다 밥을 하시는 어머니를 도와 설거지를 하기 시작한 게 아홉 해로 접어들었다. 큰아들이 설거지를 하더라도 신체적으로 건강한 가정을 꾸리면서 했으면 좋겠다. 셋째 동생과 둘째 아들로 이어진 장애 사슬을 큰아들 대에서는 싹둑 잘라버리기를 소망한다.

꼬박 날을 새고도 여태 잠들지 않은 훈용이가 어린아이처럼 옹알이하는 소리가 들렸다. 훈용이는 날마다 그렇게 세상을 건넌다. 큰아들이 군소리 하지 않고 훈용이 밥을 줘야 하겠다며 도마를 꺼내고 프라이팬을 가스레인지에 올렸다. 정작 자신은 대충 밥을 때우면서도 동생 밥은 있는 것 없는 것 다 챙겨서 먹인다. 치아가 없어 입에 들어간 음식이 녹아야 넘기기 때문에 한 끼 먹는 데 두 시간 정도 걸린다. 난 아직까지 이 정도 시간을 들여 훈용이 밥을 진득하게 먹인 적이 한 번도 없었다.

훈용이 밥을 먹이고 나면 큰아들은 또 설거지를 할 것이다. 아침마다 부모님과 함께 밥을 먹고 난 뒤 내가 설거지를 하면서 생각하는 게 있다. 날마다 설거지를 해도 좋으니 부모님이 오래 사시면 좋겠다고 염원한다. 훈용이가 먹고 난 밥그릇과 수저를 개수대에서 씻으며 큰아들은 무슨 생각을 할까? 나처럼 앞이라도 보게 해주시든지, 고통스럽게 세상을 살아갈 바엔 차라리, 나보다 단 일주일만 먼저 데려가주십사하는 못된 기도를 하고 있지는 않을까?

  현관 턱까지 도달한 가을이 노란 은행잎 하나를 툭 떨어뜨렸다. 국화 향기 그윽한 정원에 꿀벌 날개 소리가 소란스럽다. 벌써 어깨가 시려왔다. 시간과 기억이 다 꽁꽁 얼어버렸으면 좋겠다.

(2015. 10. 30.)

어머니 미장원 가시는 날

이른 새벽 아침 찬을 준비하시려고 텃밭으로 향하는 어머니 뒷모습이 생경했다. 머리에 까치집을 지은 것처럼 제멋대로인 머리 모양이 거의 산발에 가까웠기 때문이다. 그러고 보니 어머니를 모시고 미장원 다녀온 지가 너무 오래되었다. 산책을 가려고 등산화를 신고 텃밭으로 내려갔다. 잠 좀 더 자지 일찍 일어났느냐고 안쓰러워하시는 어머니께 오후에 미장원에 가자고 했다. "그렇잖아도 머리가 께름칙했다." 하시며 시간이 되냐고 물으셨다. 마침 오후에 문학동아리 수업이 있어 학교 가는 길에 미장원에 모셔다 드리고 수업이 끝나 모셔 오면 안성맞춤이었다.

요즘 허리와 다리 통증 때문에 마취통증과에 들러 치료를 받으시면서 내 시간을 많이 빼앗았다고 미안해 하셨다. 이런 상황에서 머리를 손질할 때가 많이 지났는데도 미장원에 가자는 말씀을 못하셨던 것이다. 어떤 때는 몸이 너무 편찮으시면서도 병원 가시는 것을 꺼리실 때가 있다. 그 시간에 나더러 좀 쉬라는 배려이시다. 부모님과 함께 산 지 아홉 해가 되었다. 이제는 눈만 봐도 어떤 생각을 하고 계신지 대충 알 수 있다. "아니다.", "괜찮다."라고 하시는 말씀도 한두 번 그러시지만 여러 번 권하면 그 때야 본심을 은근히 드러내신다.

점심을 먹고 어머니를 모시고 미장원으로 향했다. 어머니께서 외출하시는 날은 주일날 집에서 가까운 교회에 예배드리러 가는 날과 병원에 치료받으러 가시는 날이 전부다. 그리고 두 달에 한 번 정도 미장원에 가시는 날이다. 창밖을 내다보시는 어머니 관심사는 대부분 다른 사람 밭에서 자라는 농작물이다. 어느 집 고추 농사는 잘되었고 어느 집 참깨는 병치레를 하고 있다고 품평을 하셨다. 상관저수지에서부터 신리까지 길을 4차선으로 확장하는 공사를 하고 있다. 이곳에 이르자 길이 넓어졌다고 차를 쌩쌩 몰지 말고 늘 조심히 운전하라고 하셨다.

룸미러에 비친 어머니 얼굴이 세월이 할퀴고 간 상처와 흔적으로 범벅이다. 숨을 쉬실 때마다 목구멍에 가래가 걸린 듯 가르랑거리는 소리가 났다. 앞으로 어머니를 모시고 미장원에 갈 수 있는 날이 얼마나 더 있을까. 야트막한 야산에 잘 정리해 놓은 묘지를 보시고 어머니께서 자식들 속썩이지 않고 잠자듯이 하나님께서 데려가면 좋겠다고 하셨다. 병원 모시고 갈 때마다 들은 말씀이지만 오늘따라 예사롭지 않게 들렸다. 지독한 가난 때문에 모질게 시집살이를 하신 어머니 삶은 당신이 부재한 일생이셨다. 이런 어머니께 그 흔한 사랑한다는 말을 아직까지 한 번도 하지 못했다.

　월남한 아버지에 혈혈단신인 어머니를 둔 절친한 친구가 있다. 오래전 친구 부모님께서 일 년 사이로 돌아가셨다. 친구는 부모님께서 살아계셨을 때 사랑한다고 말씀드리지 못한 것이 늘 후회스럽다고 했다. 돈이 든 것도 아니고 힘든 것도 아닌데 그렇게 하지 못한 것 때문에 죄책감에 빠져 산다는 것이다. 친구 말을 들은 지 10년이 넘었는데도 아직까지 사랑한다는 말씀을 드리지 못했다. 며칠 전 종합검진을 받고 난 뒤부터 큰아들이 사랑한다는 말을 자주 한다. 위염이 심해 조직검사를 했다는 말을 듣고 어지간히 겁이 난 모양이다. 그런데 난 왜 이렇게 어머니를 사랑한다는 말이 잘 나오지 않을까. 마음속에서는 활어처럼 파닥거리는데 목에 딱 걸려 빠져나오지 않을까.

　어머니와 나 사이에 동아줄같은 질긴 침묵이 이어졌다. 오늘은 어떤 일이 있더라도 어머니께 사랑한다는 말씀을 드려야겠다고 마음을 다잡았다. 어느덧 미장원 앞에 이르렀다. 다른 날과 달리 미장원 주변에 노점을 벌인 사람들이 많아 복잡했다.

복숭아, 호박, 오이를 팔고 사는 사람들로 북적거렸다. 여기에 차까지 뒤엉켜 신경이 애민해졌다. 뒤죽박죽된 차들 속에서 정차공간을 겨우 확보하고 어머니께 빨리 내리시라고 다급하게 외쳤다. 사랑한다고 말씀 드리겠다던 다짐은 온데간데 없이 지워지고 말았다. 단지 복잡한 곳을 빨리 벗어나야겠다는 생각만 앞서 어머니를 마치 짐 내려놓듯 하고 말았다. 학교 주차장에 이르러 한숨을 돌렸다. 이때 아들 녀석한테서 문자가 왔다. "아빠! 몸 괜찮으세요? 사랑해요." 아들 문자를 보고나서 어머니 얼굴을 담고 있었던 룸미러를 들여다보며 혼잣말로 중얼거렸다.

"어머니! 사랑해요."

(2015. 8. 21.)

어머니의 손맛

　요즘 어머니는 겉절이나 나물을 무치실 때마다 "당최 뭔 맛인지 통 모르겠다."는 문장을 입에 달고 사신다. 가지나물을 무치시고 나서 나에게 맛을 보라고 하실 때도 있고, 상추나 얼갈이를 겉절이로 무치신 후 아버지께 평가를 의뢰하기도 하신다. 평가 대상은 별것 아니라 주로 짠 정도를 가늠하는 정도이다. 짜다는 평가 결과가 나오면 어머니는 나물이나 김치를 새로 때우신다. '때운다.'는 말은 어머니 표현을 그대로 옮긴 것이다. 이것은 이미 무친 나물이나 겉절이가 짤 때 양념하지 않은 재료를 더 넣어 다시 무치는 것을 이른 말이다.
　어머니께서 음식을 만드실 때 쓰시는 이른바 식언이 몇 개 있다. 우선 걸떡지근하다는 말이 있다. 설탕을 넣지 않아도 나물이나 겉절이 맛이 달짝지근하게 날 때 이 말을 애용하신다. 도토리묵을 쑤시고 맹갈맹갈 잘 되었다고 하신다. 이 말은 묵이 너무 무르지도 딱딱하지도 않게 점도가 알맞아 먹기 좋다는 의미이다. 쌀을 씻어 안칠 때마다 물을 간등간등하게 맞추라고 하신다. 이 말은 손등이 간지러울 정도로 물을 부으라는 말이다. 이런 말은 국어사전에 전혀 없는 말들이다.

어느 해보다 올 여름은 무덥고 가뭄이 길었다. 장마마저도 마른장마로 시작했다 마른장마로 끝나는 바람에 본디 건천인 마을 주변 하천에 물다운 물 한 번 흐르지 않았다. 온몸이 종합병동인 어머니께서 입맛을 잃고 식사를 제대로 하시지 않아 마음이 편하지 않았다. 밥을 풀 때마다 한 술만 뜨라고 하시고 그 밥마저도 물에다 말아 드시는 날이 많았다. 그리고 만드신 찬마다 싱겁거나 짠 정도가 심해졌다. 웬만큼 짠 것에 무감각한 내 입도 마치 소금을 넣은 것 같은 염기鹽氣에 질겁한 적도 있다.

이른 새벽부터 텃밭 고추를 따시느라 부모님께서 분주하셨다. 고추건조기를 가지고 있는 지인이 내일 고추를 말려주시겠다고 기별이 왔기 때문이다. 여름 끝이라고 하지만 햇볕은 여전히 여름의 잔재가 얼룩져 있어 뜨겁다. 마침 오전에 수업이 없어 묵은김치볶음밥을 만들었다. 부모님께서 내가 만든 김치볶음밥을 맛있게 잘 드셨다. 아버지는 평소 반찬투정을 거의 안 하신다. 풋고추를 된장에 찍어 드시고도 "잘 먹었다."고 하신다. 팔순에도 술 한 잔 마시지 않으셨고 담배 한 개비 피우지 않으셔서 치아가 좋으시다.

우리 집 식탁은 농약을 치지 않고 텃밭에서 기른 야채에다 인공조미료를 쓰지 않고 요리한 찬거리 일색이다. 특히 나물이나 겉절이는 그때그때 요리하여 먹어야 제 맛을 내기 때문에 어머니는 아침에 하루치 찬만 준비하신다. 그래서 텃밭을 우리 집 시장이라고 하신다. 몸이 불편하고 나이가 드시면서 만사가 귀찮으실 텐데 매 끼니마다 찬을 만드셔서 우리 식구는 건강식을 매일 먹는다. 아무리 맛있는 반찬일지라도 매일 먹으면 질리고 외면하기 마련이다. 찬을 만드시느라 고생한 어머니 노고를 아랑곳하지 않고 어린아이처럼 반찬투정을 철부지처럼 할 때가 있다.

부모님과 함께 살기 전에는 집사람이 차려 준 아침을 거의 먹지 못했다. 훈용이와 함께 날을 꼬박 새기 때문에 내가 대충 차려 먹거나 아침과 점심을 겸해 먹기 일쑤였다. 그래서 부모님과 함께 살기 전에 어머니께 이러한 사실을 잘 말씀 드리고 양해를 구했다. 만약 어머니께서 돌아가시면 아침은 내가 담당해야 한다. 매 끼니마다 텃밭에서 수확한 싱싱한 야채로 만든 나물과 겉절이를 먹는 호사를 언제까지 누릴 수 있을까. 누구든 자기 어머니가 만든 음식이 세상에서 가장 맛있다고 느낄 것이다. 나 역시 어머니께서 만드신 음식이 일품이라고 단언한다. 이 세상에서 가장 훌륭한 조미료는 어머니 사랑이고 가장 맛있는 것은 어머니 손맛이다.

　본의 아니게 모임이나 약속 때문에 하루 가운데 두 끼를 외식하는 날이 있다. 이런 날 식당에서 먹는 음식은 숨죽이고 있던 미각을 유혹하여 과식을 하게 만든다. 게다가 밤잠을 설치게 한다. 자극적인 조미료 때문에 속이 불편하기 때문이다. 외식 후유증은 여기서 끝나지 않고 아침까지 이어져 자연스러웠던 배변습관을 방해한다. 오늘 아침, 어머니께서 무치신 가지나물은 어머니 표현대로 어느 때보다 걸떡지근하였다. 일교차가 커지면서 단단해지고 당도가 높아졌기 때문이다. 여름 내내 더위에 지쳐 달아난 입맛을 불러왔던 새콤달콤한 오이냉채는 여전히 손이 자주 가는 찬이다. 조선간장과 매실 발효액에 넣고 숙성시킨 들깻잎도 입맛을 불러들인 효자이다.

　아무리 좋은 글감일지라도 어떤 사람이 쓰느냐에 따라 평문이 되기도 하고 명문이 되기도 한다. 식재료도 마찬가지이다. 똑같은 식재료지만 어떤 사람이 요리하느냐에 따라 맛있는 음식이 될 수도 있고 음식쓰레기가 될 수도 있다. 글이든 음식이든 사랑을 얼마만큼 불어넣느냐에 따라 질이 달라진다. 어떤 손맛을 내는 글쟁이가 되어야 할지 갈 길이 너무 멀다.

(2015. 8. 27.)

급커브 길

 급커브 길은 사람이나 동물에게 비생명적이다. 아침 출근길에 얼마 전 어린 고라니가 죽어 있던 급커브 길 근처에 들고양이가 탈장된 채 쓰러져 있는 것을 보았다. 한 쪽으로 치워놓고 가고 싶어도 비생명적인 선형이 너무 위험스러워 감히 엄두를 낼 수 없었다. 연구실 책상에 앉아 책을 펼쳤지만 쓰러진 고양이 모습이 머릿속을 떠나지 않았다. 아름답게 살아야 한다는 것과 아름답게 죽어야 한다는 것은 뿌리가 같다. 죽을 때를 미리 알 수 없기 때문에 어떻게 사느냐가 곧 어떻게 죽느냐로 귀결된다.
 천상병 시인은 "나 하늘로 돌아가리라. 아름다운 이 세상 소풍 끝내는 날, 가서, 아름다웠다고 말하리라……."라고 노래했다. 삶을 달관하고 죽음에 대해 체관하고 있는 시인 모습을 잘 나타내고 있다. 세상을 아무리 아름다운 시선으로 아름답게 보려고 해도 시인이 고백한 것처럼 아름다울 수만은 없다. 인간 세상을 살다보면 괴롭고 힘든 일이 더 많다. 괴롭고 힘든 것을 시인은 아름다웠다고 역설적으로 표현함으로써 심미적 가치를 표출하고 있다.

우리 삶의 여정에도 급커브 길이 있기 마련이다. 앞이 훤하게 뚫린 직선로를 아무 탈 없이 평온하게 달리다가 뜻하지 않는 급커브 길을 누구든지 만난다. 자동차도로 급커브 길은 교통표지를 통해 예고하기 때문에 속력을 미리 줄여 사고를 예방할 수 있다. 하지만 삶에서 만난 급커브 길은 예고 없이 갑작스럽게 나타난다. 그래서 급커브 길에서 휘청거리거나 한쪽으로 휩쓸려 균형을 잃고 넘어질 수 있다. 우리가 인생살이를 하면서 만나는 급커브 길은 여러 유형이 있다. 가족이나 지인의 갑작스러운 죽음, 사랑하는 사람과 이별, 시험 낙방. 직장에서 쫓겨나는 해고, 건강 상실, 인격적인 모멸감에 이르기까지 다양하다.

작년 이맘 때 문학회 행사가 있어 고속버스를 타고 대구에 다녀왔다. 88고속도로는 '죽음의 도로'라는 이름을 달고 있을 정도로 도로여건이 고속도로라는 이름에 걸맞지 않다. 확장공사를 한창 벌이고 있어 규정 속도마저 내지 못하고 고속버스가 터덕거렸다. 자주 나오는 급커브 길과 경사가 높은 오르막길,

어둠침침한 터널은 늘 사고가 일어날 개연성이 잠복하고 있었다. 떠오른 시상을 메모지에 정리하려고 했다. 그런데 움푹움푹 파인 곳에서 탁구공처럼 튀어오르거나 느닷없이 급커브 길이 나타나 메모하는 것을 끈질기게 방해했다.

급커브 길마다 "졸면 죽음"이란 말이 붉은색으로 서 있었다. 그동안 달려 온 길을 뒤돌아보니 참 많은 급커브 길을 용케도 지나왔다. 그 길에서 사는 게 너무 고단하고 힘이 들어 삶의 끈을 놓고 싶은 순간이 많았다. 왜 하고 많은 사람 가운데 날 콕 집어 그토록 무거운 아픔을 주셨는지 모르겠다며 절대자를 원망했다. 아무리 노력해도 잘 안 되는 게 있다. 불면증에 걸린 사람은 수면제를 먹지 않고는 잠을 잘 수 없다. 잊으려고 해도 잊을 수 없는 아픔이 있다. 그 아픔이 수면제를 먹고 한숨 자고 일어나면 다시는 떠오르지 않았으면 좋겠다. 이 아픔은 과거형으로 남아 있지만 현재진행형인 아픔을 어쩌랴.

이 땅에 자식이 자신보다 단 하루라도 먼저 죽기를 바라는 부모가 있다. 다른 사람 이야기를 끌어들일 필요 없이 바로 내 자신이다. 애비 입장에서 우리 훈용이에게 정말 미안한 말이지만 감히 이렇게 기도한다. "눈이라도 보게 해주시든가 아니면 나보다 먼저 두 딸처럼 데려가 주시라고……." 중증복합장애를 갖고 있는 장애우나 가족은 하루하루 사는 것이 급커브 길을 달리는 것과 같다. 먹고 마시고 잠자는 것 자체가 꼬불꼬불하고 위태위태하다. 이런 속사정을 알 리 없는 사람들이 무심코 던진 말이 독화살이 되어 꽂혀 오랫동안 아플 때가 있다. 뒤에서 수군거리거나 쑥덕거리고 손가락질을 하면 분노가 치민다.

장애인 아들을 둔 애비로서 감당할 몫이고 장애인 가족이 피할 수 없이 가야 할 급커브 길이라면 간당거리며 가겠다. 다만 우리 내면에 자리잡고 있는 장애인에 대한 그릇된 인식이나 편견이라는 급커브 길을 직선로로 바꿔야 한다. 우리 사회 곳곳에 고속도로를 직선로로 설계하지 않고 급커브 길로 설계한 조급증과 비민주성이 잔존하고 있다. 이것 또한 하루 빨리 해체해야 할 사회악이다. 급커브 길을 불편부당하게 만들어 놓고 "졸지 말라."고 경고하는 것은 비상식적이고 비생명적인 처사이다.

(2015. 8. 28.)

왜 국문학과를 수학 성적으로 뽑나요

 신학대학교에 다니는 아들이 초등학교 5학년 때 수학숙제를 하다가 "수학을 만든 사람은 다 죽어야 한다."며 심하게 짜증을 냈다. 수학 때문에 학교 가는 것까지 싫증을 느껴 처음으로 집 주변에 있는 수학학원에 등록시켰다. 학원에 나간 지 며칠 후 학원숙제를 풀면서 문제 몇 개를 질문했다. 학원에 다녀온 아들이 씩씩거리며 내가 풀어 준 문제 가운데 한두 개가 틀렸다고 했다. 처음에는 자신이 직접 풀었다고 거짓말을 했다가 선생님이 틀렸다고 지적하자 "우리 아빠가 풀어 준 문제가 절대 틀릴 리 없다."고 우겼다는 것이다. 독후감 대회나 글짓기 대회, 가족신문 만들기 숙제를 할 때마다 내 도움을 받아 굵직한 상을 받은 터라 아빠에 대한 신뢰가 꽤 높았다.

일찍이 학교성적에 목 매달 필요가 없다고 생각했기 때문에 수학 학원 다니는 것을 그만두게 했다. 수학 때문에 스트레스 받는 것을 보고 이때부터 아들을 대안학교에 입학시키려고 맘 먹었다. 시내학교에 다니면 초등학교 때부터 경쟁구도에 휘말려 힘들어할 것 같아 전학시키려고 한 달 이상 시골 초등학교를 순례했다. 학교가 마음에 들면 우리가 살 집이 맘속으로 들어오지 않고, 집이 마음에 들면 학교가 맘 밖으로 나갔다. 용케 출강하는 대학 근처에 임대아파트가 있고 학교도 괜찮아 전학시켰다. 그곳에서 중학교 2학년까지 다니다 다시 시내로 나왔다. 몸이 아픈 둘째 아들 병원치료가 불편했기 때문이다.

수학은 여전히 아들에게 스트레스 대상이었다. 어느 날 아들을 불러 커서 무슨 일을 하고 싶냐고 물었다. 아직 정한 것이 없다며 오히려 무슨 일을 하면 좋겠냐고 되물었다. 신학자가 되면 좋겠다고 하자 돈을 많이 벌 수 있냐고 했다. 이 일을 계기로 아들이 희망하는 것이 신학자가 되었다. 그날 이후 아들에게 수학공부를 하지 말라고 했다. 수학을 잘하는 신학자에게 죄송하지만 신학자가 되겠다는 아들에게 강렬한 선물을 주고 싶었다. 그 선물이 바로 아들이 가장 싫어하는 수학을 포기하게 하는 것이었다. 담임선생님을 찾아가 아들이 수학을 포기한 것이 내 뜻이라는 것을 설명 드리고 양해를 구했다. 교직생활을 오래했지만 나 같은 학부모는 처음 본다고 하셨다.

일반 인문계 고등학교에 진학하면 수학에 대한 망령이 떠오를 것 같아, 초등학교 때 맘먹은 대로 기독교특성화 고교에 입학시켰다. 입학하자마자 수학을 포기하겠다고 나서는 것이 결례일 것 같아 기회를 엿보았다. 입학한 지 한 달 만에 학부모총회가 있어 담임선생님을 만나 수학에 대한 족쇄를 풀어달라고 부탁했다. 가까스로 수학 선생님을 설득하여 수학시간에 뒤쪽에 앉아 문학책을 읽거나 글 쓰는 것을 해도 눈감아 주시기로 했다. 막상 수학을 포기하라고 멍석을 깔아 놓자 아들은 선생님이나 친구들에게 미안했던지 분위기를 보면서 적절하게 할 일을 택했다.
　"왜 국문학과를 수학 성적으로 뽑나요?" 오늘 모 신문 헤드라인이다. 우리나라 상위권 대학 인문계열 대부분이 국어, 영어, 수학을 똑같이 반영하거나 수학 반영률이 더 높은 곳도 있다. 일부 대학이 수학을 변별적 도구로 사용하고 있지만, 입학한 뒤에 대부분 백해무익하다고 지적한다. 아들이 수학을 포기하게 결단할 수 있었던 배경은 수학 때문에 학교가 싫어지고 영혼이 고갈되는 것을 막기 위해서였다. 그리고 사회에 나가 수학을 하지 않아도 될 직업을 선택하면 아무런 문제가 없다고 확신했기 때문이다. 아들은 고등학교를 정말 즐겁게 다녔다. 제 삶에서 가장 행복한 시간이 고등학교 때라고 한다.
　수험생들 사이에 수학을 포기한 사람을 일러 '수포자'라 한다. 우리나라 현 대학입시 구조상 수포자는 곧 대학을 포기한 '대포자'가 될 수밖에 없다. 전공에 따라 수학이 필요한 정도가 다르다. 이러한 차이점을 고려하지 않고 모든 학과에 획일적으로 과다하게 적용하다보니 부작용이 크다. 해마다 수학 때문에 재수생이 생기고 사교육시장에서 수학이 차지하는 비중이 가장 크다. 수학무용론을 내세우자는 것이 아니다. 사고하지 않은 수학, 철학을 배제한 수학은 인문학을 공부하는 학생에게 의미가 없다는 것이다.

고백하지만 나 역시 수포자다. 특히 고등학교 때 수학 시간은 시나 소설을 쓰는 창작 시간이었다. 손바닥을 여러 차례 맞고 교무실에 불러가 무릎을 꿇기도 하고 쓴 글을 빼앗아 찢어버린 선생님도 계셨다. 시간이 지날수록 수포자를 수학 선생님들께서 외면해버리셨다. 어떤 선생님은 쓴 글을 읽어보라고 하는 지경까지 이르렀다. 칠판에 문제를 풀어주시며 판서하신 수학 선생님 글씨가 함수나 도형으로 보이지 않고 이상이 쓴 시처럼 보였다. 지금 어쭙잖은 시 나부랭이라도 쓰며 시인 흉내를 낼 수 있는 것도 수포자였기 때문이다. 아들이 초등학교 3학년 때 쓴 시 「기도」 가운데 "오늘 학교에서 수학시험 보지 않게 해주세요."란 부분이 있다. 우리 부자는 혈액형도 같지만 수포자라는 동지 의식도 끈끈하다.

(2015. 8. 10.)

제7부

올해는 꼭
장가가고 싶습니다

이민계 移民稧

계를 만든 기원은 불확실하고 종류가 다양하며 기능도 복잡하기 때문에 이에 대한 개념을 한마디로 정의하기 어렵다. 여러 설이 있지만 계원이 서로 돕고 친목을 도모하며 공동으로 이익을 얻을 목적으로 일정한 규약을 만들어 운영한다는 점은 공통된 견해이다. 사람들이 조직한 계 가운데 약 60%가 상호부조를 목적으로 하고 있고, 가입하고 있는 사람 가운데 약 50%가 상호부조를 목적으로 계에 가입하고 있다. 따라서 계는 상호부조가 가장 중요한 기능이다.

10여 년 전부터 우리나라는 이민을 떠나는 이른바 이민열풍이 불었다. 왜냐하면 사교육비에 대한 부담, 집값 상승, 청년실업, 정치권에 대한 불신 때문이다. 은퇴를 한 후 연금을 가지고 해외에서 노후를 편하게 보내려고 하는 은퇴이민에 이어 심각한 청년실업 때문에 20~30대 청년 세대가 이민을 떠나거나 계획하고 있다. 이것을 반영이라도 하듯 최근 명문대 출신 20대들이 이민을 가려고 이른바 이민계를 들고 있다고 보도한 기사를 보았다. 이들이 가장 선호하는 나라는 '복지국가'로 알려진 덴마크나 스웨덴과 같은 북유럽 국가라고 한다.

"절이 싫으면 중이 떠나라."는 말이 떠오른다. 자신이 태어난 나라일지라도 살기 싫고 힘이 들면 떠나면 그만이다. 더욱이 이제는 세계가 거의 한 문화권에 속해 있다. 외국어 구사능력과 국제적 비전을 가진 젊은 세대가 자신이 세운 꿈을 더 넓은 세계에서 실현하려고 나라를 떠나는 것을 시비할 수 없다. 문제는 20대부터 은퇴세대에 이르기까지 이 나라가 싫다고 다 떠나고 나면 막말로 소는 누가 키운단 말인가. 이제 상시전력이 줄어들자 국방부는 대학생 예비군 동원훈련 제도 부활을 검토하고 있을 정도이다. 과거처럼 애국심을 내세워 감정에 호소할 수 없고 이런 오류에 대해 신뢰감을 가질 사람도 별로 없다.

우리나라가 앞으로 고령화가 가속화 될수록 젊은 세대는 복지와 관련된 조세 부담률이 더 높아져 이래저래 삶이 고달파질 것이다. 이들은 지금 당장 우리나라에서 사는 것이 힘들고 미래에 대한 희망이 없어 이민을 꿈꾸고 있다. 이런 상황이 지속되면 우리나라를 떠나려고 하는 젊은이가 더 늘어날 것이 뻔하다. 행복지수가 높고 빈부격차가 심하지 않은 북유럽으로 가고자 하는 것은 상대적으로 우리나라는 행복지수가 낮고 경제적 불평등이 심각하다는 것을 의미한다.

> 1인당 국민소득 3만 불 정도라는데/ 그 돈들 다 누구 지갑에 꼭꼭 숨어/ 누구네 배만 터지게 불리고 있는가/ 소 돼지 팔고 깻잎 팔아 만든 돈/ 농협에서 대출 받아 대학 나왔지만/ 주유소나 편의점에서 시급 4,500원에/ 숨비소리 내며 삶을 물길질 하는/ 우리네 젊은 새끼들
>
> — 졸시 「한숨에 땅이 꺼지다」 일부

젊은 세대를 빗대 달관세대라는 말까지 나오고 있다. 젊은 세대가 패기와 도전의식을 가지고 미래에 대해 꿈을 꾸며 기를 써도 힘에 부칠 판이다. 그런데 직장을 구하지 못하고 패배의식에 젖어 현실을 체념한 상태에 이르렀다.

젊었을 때부터 살기 좋은 곳에 가서 사는 것을 꿈꾸며 곗돈 붓는 것을 일방적으로 탓할 수는 없다. 이들은 명문대를 나와 직장생활을 하면서 곗돈 부을 돈이라도 벌 수 있는 행복한 사람이다. 이런 상황에 있는 사람이 이민을 꿈꾸는 판에 현실에 달관하며 사는 대다수 젊은이는 위대한 조국 대한민국을 어떻게 사모하고 있을까.

발바닥이 다 닳아 새 살이 돋도록 우리는/ 우리의 땅을 밟을 수밖에 없는 일이다/ 숨결이 다 타올라 새 숨결이 열리도록 우리는/ 우리의 하늘 밑을 서성일 수밖에 없는 일이다
- 조태일 「국토서시」 일부

우리 젊은이들이 우리 땅을 밟을 수밖에 없고 우리 하늘 밑을 서성일 수밖에 없는 환경을 만들도록 해야 한다.

(전민일보 2015년 4월 28일자 칼럼)

인구론

우리 사회에서 일자리를 구하는 것이 갈수록 힘겨워지면서 아예 취업 자체를 포기하는 이들이 늘고 있다. 이러한 사회상을 반영하여 만든 말이 바로 '취포생'이다. 즉 취업을 포기한 취업 준비생을 일컫는 말이다. 지난달 통계청 조사에 따르면 올해 취포생은 50만 명으로 이는 1년 전보다 두 배가 넘게 늘어난 수치다. 최근에 등장한 말 가운데 인구론이란 말이 있다. '인문계 학생 가운데 90%가 논(론)다.'는 뜻을 의미한다. 이 말은 이공계 출신을 선호하는 기업이 늘면서 출산한 기형아이다.

한국교육개발원이 발표한 취업통계연보에 따르면 인문계열 출신이 취업한 비율은 45.9%로 공학계열 66.9%, 자연계열 55.6%보다 10% 가까이 낮다. 그래서 인문계 출신은 다른 계열 출신자에 비해 취업에 대한 부담을 더 많이 느낀다. 왜냐하면 우리나라 산업구조가 전자나 기계, 자동차나 컴퓨터와 관련된 업종이 수출을 주도하고 있어 이 같은 현상이 심화되고 있다. 그래서 요즘 대학가에서는 이와 관련된 학과를 복수전공으로 선택하거나 과목을 수강하는 인문계열 학생이 늘고 있다.

 몇 년 전부터 정부와 대다수 대학이 정원을 감축하고 학과를 개편하는 과정에서 인문학 계열 학과를 희생양으로 삼고 있다. 교과부가 취업률을 기준으로 대학을 평가하기 때문에 이공계에 비해 취업률이 두드러지게 떨어지는 인문계열 학과를 감축하거나 통폐합하는 상황이다. 그런데 대기업 입사시험에서 인문학적 소양을 요구하는 문항을 출제하는 비율이 늘고 있다. 현대차 그룹은 지난해부터 역사 에세이를 인·적성검사에 추가했다. 포스코 그룹은 한국사 관련 자격증 소지자에게 가산점을 부과하고, 직무역량 평가 때 역사 에세이를 반영한다.

 은행권은 어학 성적이나 금융자격증란을 삭제한 대신 인문적 소양을 검증하기 위한 과정을 신설했다. KB국민은행은 하반기 공채 시험에서 자기소개서에 '기업이 인문학적 소양을 강조하는 이유'에 대해 논술하도록 했다. 필기시험에 국사문제도 추가했다. 신한은행은 상반기 공채 때 자기소개서에 '가장 인상 깊었던 책을 소개하고 선택 이유와 느낀 점을 기술하라'고 요구했다. 이렇게 인문학적 소양을 묻는 것은 역사관이나 도덕성 같은 인문적 소양이 부족하면 조직과 사회생활을 할 때 구성원과 갈등을 일으킬 수 있기 때문이다.

공자는 시와 음악을 인격을 완성하는 데 필요하다고 했다. 즉 인격을 완성하는 가장 좋은 방법으로 시와 음악을 꼽았다. 논어 양화편에서『시경』을 공부하지 않으면 사람이 담장을 마주하고 있는 것과 같다고 했다. 시경은 춘추시대 공자가 제후 나라에서 부르던 노래를 채집하여 편집한 것이다. 시와 음악은 인문학으로 이해해도 별 무리가 없을 것 같다. 그동안 우리 사회는 내면적인 성품이나 윤리적인 자질을 가진 사람보다 기능적인 능력을 갖춘 도구적 인간을 길러왔다. 그래서 유능한 사람은 넘치지만 정직한 사람은 품귀상태에 이르렀다.

수레는 바퀴가 두 개 있을 때 안전하게 잘 굴러 간다. 너무 기능적인 사람만을 필요로 하는 조직이나 사회는 비인간적이어서 사람 냄새가 날 수 없다. 경제적 합리성이 사람보다 우위를 차지하여 비생명적이다. 문사철(문학, 역사, 철학)이 죽은 사회는 뼈가 없는 몸과 같다. 심각한 경제난과 취업난으로 일어난 현상이지만 인문계 졸업생이 갈 곳이 없는 사회 역시 마찬가지다.

(전민일보 2015년 6월 10일자 칼럼)

주머니 없는 수의壽衣와 자본주의

수의壽衣는 염습殮襲할 때 시신에 입히는 옷이다. 우리나라가 중국에서 염습제도를 도입한 것은 3~4세기경이다. 『예기』영향을 받기 시작하였지만 고려 말 주자학을 도입한 이후 14세기부터 주희가 쓴 『가례』를 조선시대 예를 정하는 기준으로 삼았다. 조선 성종 1년(1470) 불교식으로 화장하는 것을 금지하고 성리학식으로 상례와 매장 치르는 것을 권장하였다. 성종 2년 『경국대전』을 완성하면서 성리학식 상장례喪葬禮를 포함시켰다. 성종 5년 『국조오례의國朝五禮儀』를 완성하여 사서인士庶人에 대한 상례 절차와 염습의, 염습제구를 신분에 따라 법적으로 규정하였다. 수의壽衣라는 용어가 『조선왕조실록』에 처음 나온 것은 광해군 즉위년(1608)이며, 순조대 기록에 염습의라는 말을 써서 수의壽衣를 사용한 것이 나온다.

"수의壽衣에는 주머니가 없다."는 말은 아일랜드에서 유래한 말이다. 이 말을 통해 동서를 막론하고 죽음에 대한 인식이 일치하고 있다는 것을 알 수 있다. 즉 사람이 죽을 때는 빈손으로 간다는 것이다. 얼마 전 자원개발 비리에 연루되어 수사를 받던 성완종 경남기업 회장이 스스로 목숨을 끊었다. 그가 자살하면서 호주머니가 남긴 것은 자신이 돈을 주었다고 한 정치인 이름과 금액을 적은 메모지가 전부였다. 작년 10월 29일 홀로 살던 최 아무개 어르신이 전 재산 100여만 원을 남기고 자살하였다.

> 가을 느티나무가 남긴/ 유언장 꺼내 읽는다/ 내 몸뎅이 거둬 준 사람들/ 따신 국밥 한 그럭 드시구려/ 10만 원이었다/ 시방 입고 있는 옷 더러웅께/ 수의라도 한 벌 입고 싶소/ 장례비 100만 원이었다/ 쓸쓸한 위패 앞/ 상주처럼 자리 지킨 건/ 김밥 달랑 한 줄/ 탈장된 붕어빵 몇 마리였다/ 스스로 심장 닫은 최 씨 어르신/ 생전에 침만 삼키고/ 끝내 입에 넣지 못한 것/ 잿밥으로 구경만 하고/ 이승 바람처럼 뜬 날/ 느티나무 하루 종일/ 풍장처럼 흩날렸다
>
> ─ 졸시「느티나무의 유언장」

성경에는 "너희가 하나님과 재물을 겸하여 섬기지 못하느니

라."(마6:24)하였고, 불교에서는 공수래공수거空手來空手去라 하였다. 유교를 확립한 공자는 "飯疏食飮水 曲肱而枕之 樂亦在其中矣 不義而富且貴 於我 如浮雲.(반소사음수 곡굉이침지 낙역재기중의 불의이부차귀 어아 여부운.)"이라 하였다. 즉 "거친 밥을 먹고 물을 마시며 팔베개를 하고 누워 있어도 그 속에 즐거움이 있으며 의롭지 않은 재물과 직위는 나에게는 뜬구름과 같다."는 것이다. 이렇듯 대부분 종교에서 재물에 대한 욕심을 경계하고 있다.

  오늘날 우리 사회에서 일어나는 대부분 범죄는 돈과 연관되어 있다. 유산 때문에 형제를 총으로 쏴 죽이고 보험금을 타내려고 배우자나 부모까지 죽이는 세상이다. 뿐만 아니라 물증을 없애려고 죽인 사람을 토막 내서 버리는 일이 자주 일어나고 있다. 사람이나 생명보다 돈과 이윤, 권력을 중요하게 여기는 고삐 풀린 자본주의 민낯을 적나라하게 드러내고 있다. 자본주의 사회는 모든 것을 돈으로 만드는 마력을 지니고 있다. 사람도 인격도 양심도 돈이 지배한다. 사람 목숨도 물건 사고 팔 듯이 돈으로 거래한다.

  승자가 독식하는 사회, 무한경쟁이라는 깃발 아래 자본주의는 공정한 경쟁이나 법과 질서가 존중받지 못하고 있다. 돈이 승자가 되고 높은 가치가 된다. 부자나 가난한 사람이나 태어나면 언젠가는 죽는다. 죽을 때 수의壽衣를 입고 간다. 누구든 주머니가 없는 옷을 입고 빈손으로 갈 뿐이다. 살아 있을 때 한 번쯤 우리는 주머니가 없는 수의壽衣를 생각하며 재물 제일주의에 대한 지독한 집착을 비워야 한다. 그 자리에 우리가 생명의 나무, 인격의 나무, 양심의 나무가 되어 사람이 사람답게 대접받고 생명이 존엄한 세상을 만들어야 한다.

(전민일보 2015년 7월 8일자 칼럼)

꼼수

 우리 속담에 "눈 가리고 아웅한다."는 말이 있다. 이 말은 상대가 속지 않을 어설픈 행동을 하려는 짓을 의미한다. 아웅은 고양이 울음소리를 나타내는 의성어이다. 자기 눈을 가리고 고양이 울음소리를 내 자신을 고양이처럼 보이게 하려는 것이다. 즉 잘못을 저지르고 책임을 고양이에게 돌려 상대를 속이게 하려는 행위를 빗대고 있다. 눈을 가리고 그럴싸하게 고양이 울음소리를 낸들 사람이 고양이가 될 리 만무하다. 이와 비슷한 말로 꼼수가 있다. 꼼수는 여러 수 가운데 저급하고 치졸한 수를 일컫는 것으로 소인배나 사기꾼이 쓰는 비겁한 행위이다.
 꼼수는 정직하고 정상적인 방법을 쓰지 않고 부정하고 비정상적인 방법으로 목적을 달성하려고 하기 때문에 몰염치하다.

우리나라는 곳곳에 꼼수문화가 독버섯처럼 광범위하게 자라고 있다. 꼼수는 그릇되고 비인간적인 장삿속과 뿌리가 같다. 내년 4월이면 총선을 실시한다. 선거 때만 되면 어김없이 철새 정치인이 나타난다. 정치적 소신이나 철학 없이 국민을 위한다는 허울을 쓰고 이 당 저 당 옮겨 다니는 철새 정치인 부지기수다. 그래서 우리 정치는 후진성을 면하지 못하고 국민에게 신뢰를 얻지 못하고 있다.

　세계적으로 다수 기업은 지금 윤리경영을 꾀하고 있다. 그러나 우리나라 대다수 기업은 성완종 리스트에서 보았듯이 '정경유착'이라는 꼼수가 여전히 상존하고 있다. 대부분 기업이 고의로 자산이나 이익을 크게 부풀리고 부채를 적게 계상함으로써 재무상태나 경영성과, 재무상태 변동을 고의로 조작하는 분식회계를 자행하고 있다. 얼마 전 상시 근로자 300명 이상인 국내 대기업 3곳 가운데 1곳은 단체협약을 통해 '취업 세습'을 하는 것으로 나타났다. 청년 실업률이 두 자릿수에 육박하고, 비정규직이 600만 명을 넘어선 상황에서 현대판 음서제도란 말까지 나오고 있다. 노조가 강하게 요구하여 기업이 수용한 것이라 하지만 취업에 절벽까지 붙여서 대다수 청년이 직장을 구하지 못한 암울한 현실에서 꼼수임에 틀림없다.

　심지어 고객을 상대로 사기를 벌이는 기업도 있다. 작년 이맘 때 모 대형 할인업체가 고가 상품을 걸고 경품 행사를 벌이면서 실제로 당첨자에게 경품을 지급하지 않았다는 의혹을 샀다. 그리고 고객 개인정보를 보험사에 판매했다는 폭로도 나왔다. 이에 대해 업체는 납득하기 어려운 해명을 내놓았지만 다수 소비자는 업체가 부린 꼼수에 아연실색했다. 대형할인마트에서 할인 판매하는 가격 대부분이 소비자 눈을 속이는 꼼수할인이라고 한다. 한국전력이 이달부터 9월까지 한시적으로 전기요금을 인하하는 정책에 대해 다수 전문가는 저소득층보다 중산층 이상인 사람에게 혜택이 돌아가는 생색내기용 꼼수라고 지적했다.

최근 『엄마를 부탁해』라는 작품으로 독자에게 사랑을 받은 신경숙 씨에 대한 표절시비가 끊이지 않고 있다. 여러 사람이 제기한 표절 의혹에 대해 당사자가 어벌쩡하게 넘어가려는 인상을 주고 있다. 이 또한 꼼수이다. 관행이라는 이름으로 묵인해오고 부추긴 꼼수가 문화전반에 비일비재하다. 문화예술계에서 실시하는 상을 돌아가면서 나눠먹기 하는 것이나 돈을 받고 거래하는 일은 오래전부터 암암리에 고질병처럼 앓던 병이다.

메르스가 발생했을 때 정부나 관계기관이 꼼수를 부리지 않고 정보를 빨리 공개하고 대책을 세웠다면 피해를 최소화했을 것이다. 개인이나 조직, 교회나 사회, 기업이나 국가에 이르기까지 꼼수는 신뢰감을 무너뜨려 통합과 발전을 저해하고 사회정의를 실현할 수 없다. 원칙과 상식이 통하고 정의가 불의를 이기는 사회를 만들기 위해 사회구성원 모두가 꼼수를 타파하도록 노력해야 한다.

(전민일보 2015년 7월 31일자 칼럼)

정명 正名

 우리는 가정이나 사회, 직장에서 다양한 이름을 달고 살아간다. 공자는 그 이름에 걸맞게 행동하라고 강조하였다. 이것이 이른바 정명사상이다. 이는 자신이 속한 사회적 신분과 지위에 따라 책임과 의무를 다해야 한다는 것을 의미한다. 즉 "군주는 군주답고 신하는 신하답고 아비는 아비다워야 하며 자식은 자식다워야 한다."는 것이다. 신라 시대 '충담사'가 쓴 「안민가」라는 향가 마지막 부분에 "아, 임금답게 신하답게 백성답게 할지면 나라 안이 태평하나이다."고 하였다. 현존하는 향가 가운데 유일하게 민본적 유교사상을 노래하고 있지만 공자의 정명사상을 바탕으로 하고 있다. "~답다"는 일부 명사나 어근 뒤에 붙어, '그것이 지니는 성질이나 특성이 있다'는 뜻을 더하여 형용사를 만드는 말이다.

　우리가 자신이 가진 이름과 직책답게 살아가는 것은 말처럼 쉬운 일이 아니다. 리더는 리더다워야 한다. 리더는 앞에서 이끄는 사람이다. 리더가 지녀야 할 덕목은 시대와 환경에 따라 차이가 있다. 오늘날 리더가 리더다우려면 소통과 공감을 중요하게 여기는 수평적이고 민주적인 리더십을 지녀야 한다. 힘의 논리가 지배했던 과거에는 리더 한 사람에게 모든 것이 집중되었지만 오늘날은 수평적, 민주적 리더십으로 구성원과 소통하고 책임과 권한을 나눠가져야 한다. 이런 점에서 대통령 한 사람에게 모든 권력이 집중된 대통령중심제를 택하고 있는 우리나라는 대통령이 대통령다워야 한다. 최근 여야가 합의한 국회법개정안을 박 대통령이 거부하면서 한 작심 발언을 두고 정치권이 소용돌이치고 있다.

　리더 못지않게 중요한 것이 참모 역할이다. 리더는 훌륭한 참모와 조력자가 있어야 역량과 능력을 발휘할 수 있다. 『논어』에서 참모는 두 가지 유형이 있다고 하였다. 자기 자리를 유지하는데 급급한 나머지 윗사람 눈치만 보는 구신具臣이 있고, 자기 역할을 성실하게 수행하면서 리더 마음을 헤아려 조직을 이끄는 대신大臣이 있다. 구신具臣은 그저 자리 수만 채우고 있다는 의미이고, 구신大臣은 조직에서 꼭 필요한 사람이라는 뜻이다. 대신은 리더에게 올바른 것을 제시하였을 때 받아들이지 않으면 언제든지 자리를 내놓을 준비를 하고 있다. 우리 사회는 그저 리더 눈치만 보며 보신하기에 급급한 참모가 너무 많다.

'이충호'는 『부모다움』이란 책에서 "부모가 되기는 쉬워도 부모 노릇하는 것은 어렵다."고 하였다. 문제 아이 뒤에 문제 부모가 있다는 말은 이제 진부하기까지 들린다. 부모는 자녀의 교과서라도 해도 지나친 말이 아니다. 그런데 자녀에게 존경받고 사는 부모가 얼마나 될지 의문이다. 어른이 실종되고 부모가 실종된 사회에서 우리 자녀가 건강하게 자랄 수 없다. 우리 사회는 잘못된 것을 잘못되었다고 혼내는 어른이 별로 없다. 자녀가 잘못하면 따끔하게 회초리를 드는 부모가 사라진 지 오래되었다. 과잉사랑과 무관심이 빚은 찝찝한 결과이다. 그리고 부모 노릇을 제대로 하는 어른이 별로 없다.

자식다움은 효와 관련이 있다. 공자는 부모를 공경하지 않고 물질적으로 봉양만 하는 것은 효가 아니라고 하였다. 물질보다 중요한 것이 부모를 공경하는 마음이라는 것이다. 나아가 자기 부모만 공경하는 데 머물지 말고 웃어른을 공경하라며 효를 사회적으로 확장시키고 있다. 우리는 자신에게 주어진 이름과 직책에 맞게 스스로 브랜드 가치와 품격을 높이고 올바로 처신해야 한다. 그래야 자신뿐만 아니라 자신이 속한 조직과 사회가 공명정대公明正大하게 될 것이다.

(전민일보 2015년 8월 30일자 칼럼)

고명

　친구가 냉면을 맛있게 하는 집이라며 식당을 아예 정하여 만나자고 했다. 원래 냉면을 별로 좋아하지 않았지만 아주 맛있게 한다는 말에 혹했고 모처럼 식당까지 정하여 연락한 성의를 외면할 수 없어 댓글을 달지 못했다. 약속한 시간에 맞춰 식당에 도착했다. 주차장이 비어 있는 곳이 없어 인근 골목에 주차를 겨우 하고 식당으로 갔다. 먼저 온 친구가 번호표를 받고 기다리고 있었다. 20여 분을 기다린 끝에 물냉면을 먹었다. 면 위에 얹힌 수육과 오이, 당근, 계란에 참깨가 합체하고 있어 먹음직스럽게 보였다. 친구 말에 따르면 이 집 냉면은 다른 집과 달리 고명이 맛있다고 귀띔해줬다.
　내가 보기에는 그 수육이 그 수육이고 그 채소가 그 채소이고 그 계란 역시 일반 것과 별 차이가 없는 것처럼 보여 친구 말을 건성으로 흘러버렸다. 냉면 맛을 감상하며 먹을 줄 아는 능력이 부재한 상황에서 고명 맛을 여러 번 예찬하는 친구 말이 실없이 들렸다. 면에 얹은 수육, 오이, 당근은 고명이고 볶은 참깨는 양념이다. 고명과 양념은 모두 냉면을 맛있게 만드는 중요한 요소이다. 고명은 시각적 효과에 중점을 두고 양념은 음식에 미각을 가미하여 음식 맛을 좋게 한다. 예로부터 음양오행설陰陽五行說과 관련된 흰색, 노란색, 파란색, 빨간, 검정색을 이용했다. 오색을 모두 갖추는 것이 좋으나 때로는 한두 가지만 쓰기도 했다.

  고명은 맛을 직접 내기보다 시각을 통해 미각을 유혹하는 역할을 한다. 글쓰기로 말하면 관심 끌기에 해당한다. 이에 반해 양념은 음식 맛을 내는 역할을 한다. 글쓰기로 말하면 독자에게 감동과 공감을 우려내는 역할을 한다. 고명과 양념이 적절하게 조화를 이뤄야 어떤 음식이든 먹음직스럽고 맛이 있다. 고명에 지나치게 치우치면 내용이 부실해져 본질을 잃고 양념에 너무 기울어지면 본성을 잃고 느끼하여 곧 질리게 된다. 우리 삶 역시 마찬가지다. 고명만 중요하게 여기는 삶은 외향적인 것만 추구하는 삶이고, 양념만 중요하게 여기는 삶은 내면만 꾀하는 삶이다.

  물냉면에 고명이 없다면 모래사막과 같아 무미건조할 것이다. 양념을 하지 않은 물냉면을 먹는 것은 그냥 맹물을 먹는 것과 진배없다. 우리나라는 '성형공화국'이라 할 정도로 외모지상주의에 빠져 미용성형을 선호하는 사람이 많다. 화장품 소비율 역시 소득 대비 세계 최고 수준이다. 이에 반해 우리나라 성인 독서량은 월 평균 0.8권이다. 일 년 동안 책을 한 권도 읽지 않는 사람이 30%에 이른다. 이것은 고명만 수북이 넣고 양념을 하지 않은 맹탕 물냉면과 같다. 이런 물냉면은 맛이 있을 리 없고 먹으려고 하는 사람도 없을 것이다.

대학이 학문을 하기 위한 곳이 아니라 취업 전초지로 변질된 지 오래이다. 그래서 대다수 학생이 대학에 입학하자마자 취업과 관련된 자격증을 취득하려고 제 2의 사교육을 받고 있다. 게다가 정부가 대학평가를 취업률을 많이 따지다보니 대학교육이 인성이나 지성을 기르기보다 도구적 인간을 만드는 데 목을 매달고 있다. 전인교육은 신체적 성장, 지적 성장, 정서적 발달, 사회성 발달을 조화롭게 하여 넓은 교양과 건전한 인격을 갖춘 인간을 기르는 것이다.

고명과 양념이 서로 조화를 이뤄야 냉면 맛이 살아난다. 지·덕·체를 온전하게 갖춘 전인적인 인간을 길러야 우리 사회가 살맛 나고 건강해질 것이다. 두 다리가 온전하게 균형을 이뤄야 넘어지지 않고 잘 걸을 수 있다. 외면을 가꾸는 데 부지런을 피운 것처럼 내면을 성장시키는 데도 게으름을 부리면 안 된다. 그렇지 않으면 인격의 절뚝발이가 되어 이 세상을 뒤뚱거리며 살 수밖에 없다. 친구가 점심 메뉴로 냉면을 택한 것이 단순히 무더위 때문이 아닌 것 같다. 친구가 냉면을 통해 전해 주는 충고를 육수 한 모금 남기지 않고 시원하게 마셨다.

(전민일보 2015년 9월 14일자 칼럼)

올해는 꼭 장가가고 싶습니다

어머니 심부름을 하려고 시내에 있는 전도사님 댁으로 향했다. 경기장을 지나 롯데백화점을 앞두고 신호에 걸렸다. 왼쪽에 있는 모 타이어 점에 걸린 현수막에 쓴 문장이 눈에 애절하게 들어왔다. "올해는 꼭 장가가고 싶습니다. 도와주세요." 그리고 프래카드에 쓴 "젊음을 무기 삼아 열심히 살겠습니다."라는 패기 있는 문장이 신뢰감을 더해 주었다. 이런 문장을 독해하면 타이어점 사장은 열심히 살려고 노력하는 젊은 사람이 분명하다.

최근 우리 사회에 유행하는 말 가운데 "헬 조선"이란 말이 있다. 이 말은 지옥을 의미하는 'Hell'과 '조선'을 합성한 것이다. 우리나라에서 사는 것이 지옥에서 사는 것처럼 힘들다는 의미다.

어린 시절부터 입시경쟁을 지독하게 겪고 대학시절 스펙을 쌓느라 힘들게 노력해도 취업하기 어려운 현실을 일컫기도 한다. 게다가 취업을 해도 야근과 회식, 군대식 기업문화에 적응해야 하고 녹록하지 않은 현실을 살아야 하는 것을 비꼬고 있다.

젊음만큼 큰 무기는 없다. 인생에서 젊음 자체가 자원이고 희망이다. 젊었을 때 사회활동을 가장 도전적이고 의욕적으로 할 수 있다. 그런데 우리 현실은 젊은이가 꿈과 희망을 가질 수 없을 정도로 암울하다. 특히 일자리가 없어 정상적인 삶을 살지 못할뿐더러, 좌절과 절망 속에서 모든 것을 포기해야 하는 세대가 되고 말았다. 자영업을 하는 사람도 전반적으로 경기가 침체되어 문을 닫고 있는 형편이다.

오죽했으면 "올해는 꼭 장가가고 싶습니다. 도와주세요."라고 절규하고 있을까. 이 말이 단순히 동정이나 연민에 호소하는 오류로 들리지 않는 것은, "젊음을 무기 삼아 열심히 살겠습니다."라는 말로 명쾌하게 결론을 내리고 있기 때문이다. 이러한 외침은 타이어점 젊은 사장의 개인적인 외침이 아니라 이 나라 대다수 젊은이의 처절한 절규이다. 그들은 아침에 일어나면 일할 곳으로 출근하여, 직장에서 열정을 쏟고 퇴근길에 동료들과 콩나물국밥이나 순댓국을 먹으며, 회포 푸는 것을 꿈꿀 것이다. 그리고 마음에 드는 사람을 만나 결혼하여 아이를 낳고 아빠와 엄마가 되고 싶을 것이다.

누구나 꾸는 이러한 꿈이 평범한 것이 아니라 이제 하늘에 떠 있는 별을 따는 것처럼 힘들고 아득한 것이 되었다. 배경 있고 힘 있는 사람 자녀나 유력 정치인 그늘 아래 있는 사람은 원하는 자리를 잘도 차고 들어간다. 일평생 낙하훈련을 한 번도 받지 않은 사람이 낙하산을 타고 좋은 자리에 잘도 착지한다. 요즘 유행하는 말 가운데 '흙수저'라는 말이 있다. 자산 1,000억에 가구 연 수입이 30억에 이르는 사람을 플래티늄 수저라 하고, 자산이 5,000만 원에 가구 연 수입이 2,000만 원에 이른 사람을 플라스틱수저라 한다. 흙수저는 이보다 못한 사람을 말한다.

'헬 조선'이나 '흙수저'는 장기적인 불경기 상황에서 나온 자조적이고 냉소적인 말이다. 이 말은 한창 꿈을 꾸며 살아야 할 젊은이가 처해 있는 암울한 현실을 반영하고 있다. 이런 상황에서 "올해는 꼭 장가가고 싶습니다. 도와주세요."라는 말이 더 간절하게 들린다. "젊음을 무기 삼아 열심히 살겠습니다."란 말이 더 희망적으로 들린다. 뒷바퀴 타이어를 교체할 때가 되었는데 첫눈이 오면 가려고 차일피일 미뤄 왔다. 계획을 좀 앞당겨야겠다. 이 간절하고 희망적인 문장이 절망적이 되지 않도록 정부는 창조경제를 창조해내야 한다.

(전민일보 2015년 10월 2일자 칼럼)

짝퉁

'짝퉁'은 가짜, 모조품, 유사상품을 의미하는 은어이다. '가짜'라는 '짜'가가 변한 '짝'과 낮춤말 '퉁'이 결합하여 만든 말이다. 우리나라는 '짝퉁 공화국'이라 불러도 손색이 없을 정도로 짝퉁을 많이 만들고 많이 소비하고 있다. 우리나라에서 유통하는 '짝퉁' 규모는 세계 10위 정도이다. 장 보드리야르는 『소비사회』에서 "소비는 커뮤니케이션 수단이다."라고 했다. 상품이 가진 가치는 사용가치와 교환가치로 나눌 수 있다. 사용가치는 경제적 효용가치에 따라 형성된 상품 본래 가치이다. 장 보드리야르는 사용가치를 넘어 교환가치가 오늘날 주된 소비개념으로 정착했다고 주장한다.

경제적 불황에도 아랑곳하지 않고 유명 백화점 명품코너는 불황이 무색할 정도로 호황을 누린다고 한다. 명품은 예술적 가치가 있고 좋은 품질을 지닌 물건이나 작품이다. 그런데 우리나라에서는 돈 많은 사람이 애용하는 물건 정도로 인식하고 있다. 사람들이 명품을 선호하는 이유는 비싼 물건을 소유할 만큼 경제적으로 능력이 있다는 것을 과시하려는 심리에서 비롯하였다. 이것을 심리적으로 분석하면 우선 피그말리온 효과를 들 수 있다. 피그말리온 효과는 피그말리온이란 사람이 자신이 조각한 여자 조각상을 너무 사랑한 나머지 조각상이 진짜 사람이 되었다는 데서 유래하였다. 즉 긍정적으로 기대하면 그 효과가 나타난다는 것이다. 다음으로 방사효과를 들 수 있다. 명품을 소지한 사람은 경제적인 지위와 더불어 높은 인격을 소유하고 있을 것으로 여긴다는 것이다.

비싼 명품을 일상용품처럼 쓰는 사람은 우리나라 상위 1%에 속하는 특권층이다. 미국 사회학자 베블렌은 『유한계급론』에서 미국 부자들 소비 형태를 신랄하게 비판했다. 유한계급에 속한 사람은 값비싼 물건을 남들이 볼 수 있게 과시적으로 소비하여 사회적 지위를 유지하는 수단으로 여긴다는 것이다. 이러한 소비형태를 '베블렌 효과'라 한다. 여기에 속하지 않는 99%에 속하는 일반인이 명품을 흉내 낸 '짝퉁'을 찾는다. 우리나라는 세계에서 특허 출원 건수가 5위 수준이다. 그러나 지적재산권에 대한 인식이 부족하여 미국은 우리나라를 지적재산권

감시대상국으로 지정하였다. 현실적으로 IT강국이라 자처하면서도 정품 소프트웨어를 사용하는 사람은 세상물정을 모르는 사람 취급을 받는 형편이다. 짝퉁을 찾는 사람이 가진 심리 역시 앞에서 살펴 본 명품을 소유하려는 사람이 지닌 심리와 일치한다.

짝퉁을 선호하는 것은 루키즘(lookism)과 상통한다. 살아 숨쉬는 원형에 대한 갈증이나 갈망을 소거하고 외형적으로 진짜같이 보이는 짝퉁으로 육신을 치장하려 하기 때문이다. 남에게 과시하려는 심리가 고작 명품을 흉내 낸 짝퉁에 머물고 고상하거나 정신적 가치를 별 볼일 없는 것으로 여기는 사고는 허영이다. 사람들은 자신에 대해 좋은 이미지를 유지하고 싶어 하기 때문에 자신이 생각하고 행동하는 방식대로 다른 사람들도 그렇게 생각하고 행동한다고 믿는 경향이 있다. 이런 현상을 '거짓 합치 효과'라 한다. 즉 비록 짝퉁일지라도 명품과 유사한 것을 소유하면 능력 있는 사람이 된 것처럼, 다른 사람도 그렇게 생각하리라고 믿고 위안을 삼는다는 것이다.

물질적 가치에 비해 정신적 가치를 외면하고 있는 현실에서 가치전도 현상이 일어난 것은 오래된 일이다. 이러한 현실에서 정신적 가치에 대해 이야기하는 것은 시대에 뒤떨어진 고리타분한 일이 아닐지 모른다. 이미 우리 사회는 경제적 효율성이란 신줏단지를 광적으로 섬기면서 내면적 가치나 정신적 소중

함은 뒤란에 처박아둔 깨진 옹기그릇 정도로 생각하기에 이르렀다. 이번 학기 인문고전 수업을 하면서 학생들에게 책을 많이 읽히고 글을 많이 쓰게 했다. 그랬더니 책값이 많이 들고 리포트 쓰는 것이 힘들었다는 불평과 불만이 이만저만이 아니었다. 진정한 명품은 짝퉁 핸드백이나 시계가 아니라 지고지순한 인성이나 인격이라고 일갈하고 싶다.

(전민일보 2015년 12월 7일자 칼럼)

눈길

　한파주의보와 대설주의보가 겹치면서 눈이 많이 내렸다. 마을 안길은 사람 손으로 도저히 감당할 수 없어 트랙터로 눈을 치웠다. 산책을 하려고 집을 나섰다. 발길이 뜸한 원각사 가는 길은 두 줄로 된 차바퀴 자국만 나 있을 뿐 간밤 쌓인 눈으로 눈이 부셨다. 눈 위에 남긴 차바퀴 자국은 날씨가 워낙 추워 매끌매끌해졌다. 걷는 게 불편했지만 눈 위를 걷는 게 오히려 덜 미끄러웠다.
　눈 속에 등산화 신은 발이 폭폭 빠졌다. 본디 스패치가 없을 뿐더러 가볍게 걷는다고 생각하고 나섰는데 한참 걷다 보니 등산화가 젖어 발등이 시렸다. 원각사 입구 주차장에 이르렀더니 차가 산문으로 들어가지 못하고 돌아서 나온 자국이 선명했다.

이곳저곳이 들고양이와 고라니 발자국이 간밤 이동한 경로를 따라 이사를 자주한 사람 주민등록등본 전출입 기재사항처럼 들쑥날쑥하였다.

　차가 돌아나온 흔적을 따라오던 길을 되돌아왔다. 올 겨울 들어 한 번도 온몸이 꽁꽁 언 적 없었던 저수지는 숨통 하나 남기지 않고 통째 얼어붙었다. 얼어붙은 저수지가 말이 통하지 않는 사람처럼 답답해 보였다. 되돌아올 때 가면서 밟았던 발자국을 되밟았더니 신발에 눈이 덜 달라붙고 힘도 덜 들었다. 어디서 왔는지 매서운 칼바람 한 무리가 몰려와 얼굴을 사정없이 할퀴고 달아났다. 놀란 기색이 역력한 눈들이 땅바닥에 배꼽을 바싹 붙이고 엎드렸다.

　길 중간쯤에 이르러 얼마 전 우리 마을에 귀촌하여 살고 있는 이 선생님 부부를 만났다. 두 분 다 장화를 신고 계셨다. 이른 시간에 누가 그렇게 빨리 길을 나섰는지 궁금했다고 하셨다. 그리고 발자국을 밟고 왔더니 힘이 덜 드셨다고 하시며 미리 길을 내줘서 고맙다고까지 하셨다. 눈이 푹푹 쌓인 길을 맨 처음 걷는 사람은 신발이 빠져 발이 시리고 힘이 들기 마련이다. 그러나 그 뒤를 따라온 사람은 앞 사람이 남긴 발자국을 밟고 걸으면 걷는 게 훨씬 수월하다.

　우리 삶은 어쩌면 누군가 남긴 발자국을 따라 평생 걸어가는 보행일지도 모른다. 역사적으로 세상 사람에게 선한 발자국을 남긴 사람이 많다. 꼭 이런 인물이 아닐지라도 누구나 우리가 살아가는 일상 속에서 이른바 '롤 모델'로 삼고 있는 사람이 있다. 그래서 그 사람이 걷고 있는 길을 따라가면서 그 사람을 전적으로 닮기 원한다. 얼마 전 신영복 교수님께서 영면하셨다. 독재정권 아래서 민주화 운동을 하시다 20년 가까운 세월 동안 옥살이를 하셨다.

"처음처럼", 교수님께서 쓰신 붓글씨는 서체가 독특해 이른바 '신영복체'라고 불렀다. "처음으로 하늘을 만나는 어린 새처럼/ 처음으로 땅을 밟고 일어서는 새싹처럼/ 우리는 하루가 저무는 저녁 무렵에도/ 아침처럼 새봄처럼 처음처럼/ 다시 새 날을 시작하고 있다."(신영복 시 「처음처럼」) 우리가 어떤 일을 할 때 처음 마음먹었던 대로 한다면 쉽게 좌절하거나 포기하지 않을 것이다. 또 사람을 대할 때 처음 먹었던 감정과 느낌을 끝까지 잃지 않으면 갈등이나 불화가 생기지 않을 것이다.

눈 위에 새긴 발자국을 뒤따라 온 사람이 다시 밟고, 그 발자국을 다시 누군가가 밟으면 발자국은 눈 위에서 길이 된다. 세상살이 하는 우리 삶이 늘 봄일 수는 없다. 느닷없이 겨울이 오고 폭설이 내릴 수 있다. 우리 삶에도 폭설이 내려 발이 폭폭 빠지면서 걸어야 할 때가 있다. 길을 가되 혼자 앞서가려고 하지 말고 더불어 함께 어깨동무를 하고 가야 한다. 또 시련을 만날지라도 처음 품었던 생각을 버리지 말고 '처음처럼' 걸어가야 한다. 우리 앞에 눈부신 눈길이 있다. 다 같이 함께 가자. 이 눈길을.

(전민일보 2016년 1월 27일자 칼럼)

전화

 오래전 귀촌하여 살고 있는 지역 면장님께서 군청 모 과장님으로 발령을 받으셨다. 창의적이고 도전적으로 일을 추진하여 주민들에게 존경받는 분이셨다. 그분께서 군 보육심의위원으로 봉사해달라고 전화를 하셨다. 보육과 관련하여 문외한이고 시간적으로 여유롭지 않아 처음에는 정중하게 사절하였다. 그런데 하도 간곡하게 부탁하셔서 한없이 튕길 수가 없었다.
 오늘 회의가 있어 참석했다. 어린이집 수급인원 조정 건과 농촌지역 특례법에 따라 어린이 수가 29명 이내인 시설에 대해 원장이 교사를 겸직하도록 하는 법안과 관련된 것이었다. 이 두 건에 대해 참석한 위원들이 별 이견 없이 통과시켰다. 이 밖에 공립어린이집 원장을 심사하는 안건이 있었다. 오늘 회의에 참석하기 전까지 몇몇 지인이 내가 보육심의위원으로 위촉된 것을 어떻게 알았는지 전화를 했다.

처음엔 왜 전화를 했는지 별 관심을 갖지 않았다. 그런데 회의 자료를 보고서야 전화내용이 은근히 청탁이었다는 사실을 알았다. 국민이 낸 세금으로 운영하는 어린이보육시설 원장을 이런저런 인연이 닿은 사람을 뽑으면 공정성을 잃을 뿐만 아니라 보육에 대한 질이 떨어질 게 뻔하다. 심사를 하기 전에 신청자와 전혀 연관이 없다는 확인서를 썼다. 그러나 이것만으로는 미흡하다고 생각했다. 신청자가 프리젠테이션을 하기 전에 발언권을 얻어 개인적으로 신청자와 인연이 있는 사람은 자진 퇴실하자고 건의했다.

다행스럽게 한 사람도 퇴실하는 사람이 없었다. 두 신청자가 발표하는 내용과 제출한 서류를 보고 판단한 결과, 공교롭게도 나에게 전화한 사람들이 거론한 신청자가 다른 신청자에 비해 모든 항목에서 우월하였다. 내게 전화를 건 사람들에겐 미안한 얘기지만 점수가 엇비슷하면 괘씸죄를 엮어서 다른 신청자 손을 들어주려 했던 다짐이 뒤집어져버렸다. 신청한 사람 가운데 한 사람은 박사학위를 소지하였고 한 사람은 박사과정을 수료한 지식인이었다.

본인이 다른 사람을 통해 전화해달라고 부탁하지도 않았는데 지인들이 나에게 전화했을 리 없다. 실력을 갖췄으면 그것으로 떳떳하게 평가받으면 될 텐데 굳이 주변 사람을 동원해 전화를 하게 한 심사가 뭔지 기분이 구깃구깃해졌다. 이 세상을 호주머니 뒤집듯이 발려놓고 보면 이뿐이겠는가. 우리 사회 어느 곳 할 것 없이 구석구석 그릇된 연고주의가 걷히지 않는 안개처럼 자욱하게 끼어 있다.

　돌이켜보면 나 역시 이 사회 한 구석에 처박힌 안개 같은 존재이다. 오래전 일이다. 큰아들이 시골 중학교에 다니다 시내에 있는 학교로 전학했다. 이 때 지인에게 학교배정을 내 입맛에 맞게 해달라고 부탁한 일이 있다. 이밖에 딱히 떠오르지 않아 기억하지 못할 뿐 이런저런 부탁을 수없이 했을 것이다. 이런 행위는 비양심적이고 파렴치한 것일 뿐 아니라 사회질서와 정의를 파괴하는 것이다.

　우리 사회는 어찌 보면 청탁공화국이다. 자신이 직접 아는 사람이 없으면 어떤 절차나 규정, 법을 무시하고 몇 사람을 건너뛰어서라도 사람을 붙잡고 문제를 해결하려고 한다. 이 과정에서 돈이나 값나가는 물건을 주고받기도 한다. 부탁할 사람이나 돈이 없는 대다수 사람은 법을 지키며 사는 것이 오히려 무능력하고 바보스럽다는 자괴감에 빠진다. 큰아들 말에 따르면 신학을 공부하면서 가장 흔하게 받은 질문이 아버지가 목사냐고 묻는 것이라고 했다. 집사 노릇도 제대로 못한 애비 때문에 행여 아들이 꾸고 있는 꿈이 꺾이는 몰상식한 사회는 아닐 것이라며 애써 마음을 다독거렸다.

그리고 내 자신이 몰상식한 사회를 만드는 안개는 아니었는지, 겉으로 드러내지 않았을 뿐 불의에 붙어 자라는 악한 뿌리는 아니었는지 다시 한 번 뒤돌아보았다. 똥 묻은 주제에 겨 묻은 사람들 흉만 실컷 봤으니 부끄럽고 부끄럽다.

(전민일보 2016년 2월 5일자)